Angela Troni

Frauen verstehen in 60 Minuten

Männer verstehen in 60 Minuten

Buch

Zu verstehen, was Frauen wollen, ist für die meisten Männer schwieriger, als die Einstein'sche Relativitätstheorie am heimischen PC zu beweisen. Wen wundert's? Schließlich sind die meisten Frauen zickig, launisch und unberechenbar. Außerdem haben sie nicht selten zu unterschiedlichen Zeitpunkten verschiedene Meinungen zum selben Sachverhalt. Wie soll da ein Mann noch durchblicken? Der sogenannte Geschlechterkampf bringt jedoch auch die Frauen durcheinander. Ausgiebig diskutieren sie mit ihrer besten Freundin, warum ER nicht anruft, wieso ER selbst auf die 27. SMS nicht antwortet, weshalb ER beim Thema Heiraten und Kinder immer gleich grün im Gesicht wird und – vor allem – weshalb ER um Himmels willen NICHT REDEN WILL.

Beziehungsexpertin Angela Troni führt uns in diesem Buch in die Kunst ein, die feinen Nuancen der weiblichen und der männlichen Kommunikation nicht nur zu erkennen, sondern auch – zumindest halbwegs – richtig zu deuten. Sie erlaubt uns eine Reise in die Psyche der Geschlechter und zeigt uns, wie wir eine Brücke über diesen scheinbar unüberwindbaren Abgrund schlagen können. Dieser Beziehungsratgeber ist sowohl amüsant als auch informativ: Ein unverzichtbarer Crashkurs für alle Männer und Frauen, die mehr wollen als nur aneinander vorbeizureden.

Autorin

Angela Troni, geboren 1970 in Offenbach am Main, lebt als freie Lektorin und Autorin in München. Nach mehreren unterhaltsamen Sachbüchern wie *Gebrauchsanweisung für Männer und Frauen* sowie *Männer/Frauen verstehen in 60 Minuten* folgte 2011 das erfolgreiche Romandebüt *Risotto mit Otto. Frauen verstehen in 60 Minuten* wurde auf der Buchmesse 2011 zum »Kuriosesten Buchtitel 2011« gekürt.

Angela Troni

Frauen verstehen in 60 Minuten

Männer verstehen in 60 Minuten

blanvalet

MIX
Papier aus verantwortungsvollen Quellen
FSC® C014496

Verlagsgruppe Random House FSC-DEU-0100
Das FSC®-zertifizierte Papier *Holmen Book Cream*
für dieses Buch liefert Holmen Paper, Hallstavik, Schweden

1. Auflage
Taschenbuchausgabe März 2013 bei Blanvalet, einem Unternehmen
der Verlagsgruppe Random House GmbH, München.

Umschlagmotiv: bürosüd°, München
DF · Herstellung: sam
Satz: Uhl + Massopust, Aalen
Druck und Einband: GGP Media GmbH, Pößneck
Printed in Germany
ISBN: 978-3-442-38063-3

www.blanvalet.de

Frauen verstehen in 60 Minuten

Inhalt

Intro

Eigentlich wäre alles ganz einfach: Die Erde ist rund, der (Fuß)Ball auch, schnelle Autos, kühles Bier und das Internet sind bereits erfunden, ein saftiges Steak bekommt man in jedem Supermarkt, statt das zugehörige Rind selbst erlegen zu müssen, Sex kann man zur Not auch kaufen, und wenn der Lieblingsverein am Wochenende gegen den Erzrivalen gewinnt, ist die Welt in Ordnung. Theoretisch.

Praktisch hat die heile Männerwelt dagegen einen klitzekleinen, dafür aber ungemein wirkungsvollen Makel: Es gibt da nämlich noch die Frauen. Einerseits wird das Leben durch sie erst schön und lebenswert, andererseits können sie es den Männern manchmal so was von schwer machen. Aber so sind sie nun mal, die Frauen: sexy, anregend, süß, verführerisch, sie riechen gut, kurz, sind einfach wunderbar – und so was von kompliziert!

Zwar können sie einem Mann allein mit ihrer Anwesenheit oder einem bewusst inszenierten Augenaufschlag im positiven Sinne den Verstand rauben. Aber sie scheinen auch mit einem Nörgel-Gen auf die Welt zu kommen, mischen sich in lauter Dinge ein, von denen sie nichts verstehen, und versuchen mit Vorliebe, ihren Partner zu erziehen oder zu ändern. Noch dazu mangelt es ihnen an der typisch männlichen Gelassenheit, sie wollen immerzu über alles reden und fragen in den unpassendsten Momenten »Was denkst du?« oder »Liebst du mich eigentlich noch?«. Und immer dann, wenn es aus Männersicht gerade spannend wird, haben sie Migräne. Oder täuschen eine vor. Da kommt kein Mann mehr mit.

Frauen scheinen Wesen von einem anderen Stern zu sein, zumindest aus Männersicht, denn sie geben den Herren der Schöpfung selbst nach über zwei Millionen Jahren gemeinsamer Evolution noch immer Tag für Tag Rätsel auf. Und das liegt ganz sicher nicht alleine an der Tatsache, dass Männer mit dem Kopf denken und Frauen mit dem Herzen.

Im Grunde ihres Herzens (nicht ihres Verstandes) würden die Männer nichts lieber tun, als die Frauen endlich verstehen – und sich damit selbst das Leben erleichtern. Doch das Wesen einer Frau mit all seinen Facetten und Nuancen und Stimmungshochs und vor allem -tiefs bis ins letzte Detail zu erfassen, ist leider wie so vieles im Leben leichter gesagt als getan. Wenn nicht gar unmöglich.

Damit ist jetzt nicht gemeint, dass Männer nicht nachzuvollziehen vermögen, wie Frauen gleichzeitig ein Baby wickeln, eine Waschmaschinenladung Socken zusammenlegen, die Suppe auf dem Herd im Auge behalten und nebenbei mit ihrer besten Freundin telefonieren oder wie sie eine Diät nach der anderen machen und am Ende trotzdem an Gewicht zunehmen können. Es ist vielmehr gemeint, dass Frauen bei wichtigen Themen, auch Streitpunkte genannt, so selten offen und ehrlich sagen, was ihnen durch den Kopf geht. Dass sie vielmehr denken, sie hätten es ganz genau und deutlich gesagt, obwohl sie nicht mehr getan haben, als verschnupft eine Augenbraue zu heben. Über Belanglosigkeiten können sie dagegen den ganzen Tag vor sich hin plappern. Nun ja, Frauen sind nun mal der Ansicht, ihr Gegenüber müsse spüren und damit von alleine darauf kommen, wie es ihnen gerade geht, und sind hinterher beleidigt, wenn dies, wie fast immer, nicht der Fall ist.

Von der weiblichen Emotionalität und Fähigkeit zum Multitasking überfordert, versucht der Mann seinen Weg durch den mit Fettnäpfchen gepflasterten Parcours in die weibliche Psyche zu beschreiten und kommt meist nur zentimeterweise voran. Wenn überhaupt.

Dabei ist es so einfach, eine Frau glücklich zu machen. Frauen sind nämlich im Grunde ihres Herzens sehr bescheidene Wesen. Sie müssen gar nicht immer alles haben, auch wenn sie oft und gerne den Anschein erwecken.

Nein, es reicht ihnen völlig, wenn ein Mann nicht nur ein guter Liebhaber, sondern auch ihr bester Freund, ihr Seelentröster, Vertrauter, Vaterersatz, Lehrmeister, Kofferträger, Koch, Hausmeister, Verteidiger, Klempner, Elektriker, Chauffeur, Müllrunterbringer, Therapeut, Schuhputzer, Tee-ans-Bett-Bringer, Wasserkistenschlepper, Autoreifenwechsler, Beichtvater, Gentleman, Katzenkloreiniger, Sparringspartner, Bewunderer, Tanzpartner, Sportkamerad, Retter in der Not, Zuhörer, Blitzableiter, Ernährer, Beschützer, Kuschelbär, Einparker und der perfekte Vater für ihre Kinder ist.

Na ja … Wenn er außerdem noch gut aussehend, zuvorkommend, rücksichtsvoll, treu, liebevoll, durchtrainiert, verständnisvoll, stets gut gekleidet, hingebungsvoll, aufmerksam, intelligent, mutig, einfallsreich, kreativ, einfühlsam, tolerant, kinderlieb, sinnlich, männlich, bescheiden, charakterstark, bodenständig, lebensbejahend, großzügig, sensibel, stark (im richtigen Moment aber bitteschön schwach), reiseerfahren, unternehmungslustig, redefreudig, zuverlässig, warmherzig, klug, gebildet, nett, ehrlich, kommunikativ, geistreich, selbstbewusst, charmant, stark, ehrgeizig, solvent, fantasievoll, kultiviert, romantisch, entschieden, smart, beruflich erfolgreich und ein leidenschaftlicher, aber zärtlicher Liebhaber sowie ein aufmerksamer Zuhörer wäre und ihr obendrein in jeder Notlage eine Schulter zum Anlehnen darböte, ohne ihre schwachen Momente auszunutzen, dann wäre das sicher nicht von Nachteil für ihn.

Nun gut … Wenn er darüber hinaus die schönen Dinge des Lebens zu schätzen weiß, die Angebetete gerne und nicht allzu selten mit kleinen Aufmerksamkeiten wie Blumen, Pralinen oder einem Schmuckstück überrascht – einfach nur so, versteht sich –, seinen Freunden und Hobbys nicht mehr Zeit widmet als ihr, sofort merkt, dass sie beim Friseur war, und dies auch artikuliert, ihre Katze liebt, obwohl er Asthma im Endstadium hat, seine Socken in und nicht neben den Wäschekorb wirft, die Welt je nach Bedarf und auf Zuruf für sie binnen Sekunden aus den Angeln hebt, ihr genügend Raum und Freiheit lässt und trotzdem ein bisschen eifersüchtig ist (aber wirklich nur ein bisschen), ihr das momentane Befinden an der Nasenspitze ansieht und auch sofort darauf eingeht, nicht immer nicht nur an sich, sondern auch mal, na ja eigentlich immer, an sie denkt, ihre Belange eindeutig und ohne gesonderte Aufforderung über seine stellt, den Kontakt zu allen Exfreundinnen augenblicklich abbricht und auch sämtliche Devotionalien an die Vergangenheit am Tag ihres Kennenlernens verbrennt, sie gegen seine eigene Mutter verteidigt und weder ihren eigenen Geburts- oder Namenstag, den ihrer Mutter, ihres Bruders, ihrer besten Freundin und ihrer drei Patenkinder noch den Tag des ersten Zusammentreffens und des ersten Kusses, inklusive Uhrzeit, versteht sich, und nicht zuletzt den Valentinstag, den Tag der Frau oder gar den Jahres- oder Hochzeitstag vergisst, dann …

Ja, dann wäre er wirklich perfekt. – Na ja, fast.

Aber keine Sorge: Alles andere übernimmt zum Glück ihre beste Freundin.

Dass sich die einzelnen Punkte zum Teil widersprechen, liegt übrigens in der Natur der Sache und hat nach neuesten wissenschaftlichen Erkenntnissen bisher noch keine Frau ernsthaft gestört.

Einen Wermutstropfen gibt es bei der ganzen Sache dennoch: Diese zugegeben recht stattliche Erwartungshaltung kann man als Mann gar nicht erfüllen. Kein Mann kann das, nicht mal Superman oder James Bond oder George Clooney. Abgesehen davon wären die Einhaltung all dieser Vorgaben und Anforderungen zum einen sowie die Erfüllung aller Wünsche, selbst der nie geäußerten, zum anderen noch lange keine Garanten dafür, dass die Frau sich an eben jenen Mann, der ihrer Traumvorstellung am nächsten kommt, auch tatsächlich dauerhaft bindet. Es kann genauso gut und vor allem jederzeit sein (es ist sogar höchst wahrscheinlich), dass nach Eintritt in die Gewöhnungsphase die anfängliche Wertschätzung für all diese Dinge schleichend schwindet. Im Extremfall brennt die Frau dann eines Tages mit dem nächstbesten Macho durch, weil ihr das alles ein bisschen zu *smooth* war. »I gave you everything you ever wanted, it wasn't what you wanted«, singt Bono von U2 in dem Song »So Cruel«. Nun, der Mann kennt sich aus. Übersetzt heißt das letztlich: Je mehr der Mann versucht, es der Frau recht zu machen, desto weniger recht ist es ihr.

Bedeutet das nun, dass Frauen schizophren sind? Nein, natürlich nicht! Na ja, einige vielleicht, aber um die soll es hier nicht gehen.

Frauen wissen nur manchmal selbst nicht, was sie wollen, und das ist das eine Problem. Die Tatsache, dass sie dies selbstverständlich nie zugeben würden, soll hier mal außen vor bleiben. Das andere Problem ist, dass Frauen oft ganz genau wissen, was sie wollen, und wenn sie es just in dem Moment, wenn ihnen danach ist, nicht bekommen … Tja, dann wollen sie leider auch den Mann nicht mehr, der sich aus ihrem Blickwinkel nicht mal ein Bein ausreißt, um ihnen diesen sehnlichen Wunsch zu erfüllen. Das Ganze ist also lediglich die Frage des richtigen Moments. Der Mann muss sozusagen erkennen, wann es der Frau wirklich ernst ist mit ihrem Wunsch, wann also bildlich gesprochen die Hölle brennt, und wann nicht.

Wie man das erkennt? Nun, das ist selbstverständlich von Frau zu Frau verschieden, sonst wär's ja viel zu einfach. Aber wer mit buddhistischem Anfängergeist an die Sache herangeht und zudem ein paar Grundregeln beherrscht und diese auch anwendet, der hat zumindest eine winzig kleine Chance, das Richtige zu tun. Auch wenn's am Ende dann doch das Falsche ist. Das Ganze nennt sich übrigens »weibliche Logik«.

Kapieren muss man das alles nicht. Um mit einer Frau glücklich zu werden, muss man sie vielmehr sehr lieben und darf gar nicht erst versuchen, sie zu verstehen.

Alles eine Typfrage

Frauentypen gibt es wie Sand am Meer oder vielmehr so viele, wie es Frauen auf der Welt gibt. Während es über Männer schnell mal heißt »Kennst du einen, kennst du alle«, müsste man im Hinblick auf Frauen eher sagen: »Egal, wie viele du kennst, es gibt immer noch eine Steigerung oder Variante, die du noch nicht kennst.«

Die Karrierefrau

Die gemeine Karrierefrau hat eine gute Ausbildung absolviert, ist in einer Führungsposition tätig – oder zumindest auf dem besten Weg dorthin – und verfügt über ein Jahresgehalt, das sich sehen lassen kann. Sie gilt oft als extrem ehrgeizig, dominant, stark, kompromisslos und wenig einfühlsam – alles Eigenschaften, die man mit Frauen im Allgemeinen eher nicht assoziiert. In der Tat trifft dies nur in den seltensten Fällen zu, was jedoch nichts daran ändert, dass sie auch gerne mal als Männerhasserin dargestellt wird, die über Leichen geht, um an ihr Ziel zu gelangen. Dabei verhält sich eine Karrierefrau in den seltensten Fällen anders als ihre männlichen Kollegen.

Nicht von der Hand zu weisen ist, dass Karrierefrauen ihren Erfolg genießen, genau wissen, was sie wollen, und sehr selbstbewusst, diszipliniert und zielstrebig sind, weshalb sie schnell einschüchternd wirken können. Vor allem auf die Angehörigen der männlichen Spezies. Eine Karrierefrau geht zumeist voll und ganz in ihrem Beruf auf und kennt die Flughäfen dieser Welt besser als ihre eigene Wohnung, weshalb ihr Privatleben meist zu kurz kommt. Sie ist daher, bis auf einige Ausnahmen, die es schaffen, Mann, Kinder, Haus und Spitzenposition zu koordinieren, kinderlos und nicht selten Single. Statt Familie hat sie einen großen Freundeskreis, treibt in ihrer spärlich bemessenen Freizeit viel Sport, unternimmt exklusive Reisen, gerne verbunden mit ein paar Tagen Wellness-Urlaub, und schätzt guten Wein und gutes Essen. Sie ist sehr markenbewusst und gibt häufig Geld aus, um sich selbst zu belohnen. Selbst bei ihren privaten Terminen hat der übervolle Terminkalender sie fest im Griff, Ruhe und Erholung sind in ihren Augen dagegen etwas für die Zeit nach der Rente.

Der Vamp

Dieser Typ Frau, der die Männer fasziniert und ihnen zugleich einen unheimlichen Schauer über den Rücken jagt – was die Faszination jedoch oft nur erhöht –, wird auch als Gottesanbeterin, *Femme fatale*, weiblicher Casanova oder, wie es so schön auf Spanisch heißt, *mujer fatal* bezeichnet.

Ein männermordender Vamp beherrscht die Kunst des Flirtens aus dem Effeff, spart ganz gewiss nicht mit lasziven Augenaufschlägen, herausfordernden Blicken und Gesten, weiß ein offenes, kokettes Lächeln sehr gezielt einzusetzen und hat schnell mal einen frechen, provozierenden Spruch auf den Lippen. Das alles ist stets gepaart mit einer geballten Ladung Weiblichkeit, die so gut wie jedem Mann Schweißperlen auf die Stirn treibt. Wenn sie sich die Wimpern tuscht und die Lippen nachzieht, kommt das einem Bogenschützen gleich, der seinen Pfeil anspitzt, bevor er ihn abschießt.

Sie ist sehr selbstbewusst, nimmt kein Blatt vor den Mund, weiß genau, was sie will, holt sich, was sie will, und schreckt vor einem Korb nicht zurück. In der Regel perfekt gestylt, attraktiv, sehr fraulich und sexy, ist sie sich ihrer waffenscheinpflichtigen körperlichen Reize sehr wohl bewusst und setzt diese zielgerichtet ein. Männer sind für sie Beute und werden benutzt, gerne auch in finanzieller Hinsicht. Sie würde einen attraktiven Mann gewiss nicht von der Bettkante schubsen, hat nur wenig Interesse an einer festen Beziehung, ist eher unverbindlich und genießt ihr abwechslungsreiches Sexleben in vollen Zügen.

Der Vamp mag es, den ersten Schritt zu machen und die Zügel in der Hand zu halten, statt darauf zu warten, bis ein Mann Initiative ergreift. Für sie ist das alles nur ein Spiel – bei dem sie die Regeln bestimmt.

Das Girlie

»Girls just wanna have fun«, frei nach dem Hit von Cindy Lauper, lautet das Lebensmotto der Girlies, die auf jeder Party tanzen und keine Gelegenheit auslassen, sich zu amüsieren. Sie kennen die angesagtesten Clubs der Stadt ebenso wie die coolsten Boutiquen und Vintage-Designer, und die Probleme dieser Welt scheinen von ihnen abzuperlen wie Wasser von einer Regenhaut.

Dieser trendbewusste, mädchenhafte Frauentyp, mit dem eine gewisse Naivität und Sorglosigkeit assoziiert werden, ist sehr flatterhaft, jugendlich und unkonventionell. Ein Girlie interessiert sich in erster

Linie für Klamotten, Make-up und Jungs. Sie mag zarte Farben und Blümchenmuster, kleidet sich sehr weiblich und körperbetont, trägt oft ein zartes Kleidchen über Jeans oder einen Rock zu Springerstiefeln und Netzstrumpfhose und unterstreicht ihren Look mit Zöpfen und Glitzerhaarspangen.

Sie ist das absolute Gegenteil einer ➛ Zicke und spricht mit ihrer lustigen, fröhlichen, unbedarften und naiven Art viele Männer an, was vermutlich daran liegt, dass ein Girlie sofort den Beschützerinstinkt im Mann weckt. Ihr kann man nie so richtig böse sein, egal ob sie mal wieder zu spät kommt, sich beim Bäcker vordrängelt oder sich zum dritten Mal in einer Woche Geld leiht.

Girlies, von denen ➛ Feministinnen behaupten, sie seien ein herber Rückschlag in der Geschichte der Emanzipation der Frau, sind in der Regel sehr jung. Wenn Frauen über dreißig einen auf Girlie machen, wirkt das eher peinlich.

Die Naturfreundin

Der Typ Naturfreundin begegnet einem hauptsächlich auf dem Land und in kleineren Städten, in den Metropolen dieser Welt dagegen wird man sie bis auf einige wenige Ausnahmen vergeblich suchen. Schließlich hält sie sich am liebsten in der freien Natur auf, um den Gesang der Vögel, den Duft des Waldbodens und das Glitzern des Morgentaus auf den Grashalmen in sich aufzunehmen. Nicht selten lebt die Naturfreundin sehr bewusst, ernährt sich gesund, wenn nicht vegetarisch, hat eine ausgeglichene Work-Life-Balance und versteht es, mit ihren Kräften zu haushalten.

Sie lebt recht zurückgezogen, hat einige wenige, aber sehr gute Freunde und keinen großen Bekanntenkreis. Einen Spaziergang im Morgennebel um den See oder im Herbst eine ausgedehnte Wanderung, bei der sie Pilze und Kräuter sammelt, zieht sie jederzeit gesellschaftlichen Anlässen wie Kinopremieren, Flagshipstore-Eröffnungen und wilden Partys vor. Ihr Tag beginnt, wenn die Sonne aufgeht, und zu den Nachteulen kann man sie nun wahrlich nicht zählen. Fit hält sie sich mit Yoga, außerdem meditiert sie und fährt selbstverständlich auch im Winter bei Eisregen mit dem Fahrrad zum Bioladen, um frisches Obst und Gemüse einzukaufen. Ein Auto besitzt sie ebenso wenig wie einen iPod oder einen MP3-Player. Ihr Zuhause wird dominiert von echten Holzmöbeln, Zimmerpflanzen sowie gemütlichen Sitzecken mit Kissen in allen Größen und Farben, und selbstverständlich kennt sie sich mit Edelsteinen und Feng Shui aus.

Arbeit und Beruf sind nicht das Wichtigste in ihrem Leben, vielmehr versucht sie ihre Zeit und Energie in sinnvolle Freizeitprojekte zu stecken, etwa durch ein gezieltes Engagement bei Attac, dem Tierschutzbund oder Greenpeace. Im Gegensatz zur ➛ Abenteurerin, die ebenfalls ihre komplette Freizeit draußen verbringt, ist sie weniger sportlich und dynamisch, sondern eher verträumt und weich – fraulicher eben.

Die Glucke

Am wohlsten fühlt sich die Glucke, wenn all ihre Lieben um den großen Tisch im Esszimmer versammelt sind und es ihnen schmeckt, was sie aufgetischt hat. Zwar darf man die Glucke keinesfalls mit der ➛ perfekten Hausfrau verwechseln, dennoch bestehen durchaus einige Parallelen zwischen beiden Typen. So ist der Tag einer Glucke von morgens bis abends damit ausgefüllt, das Familienleben zu organisieren, den Haushalt zu erledigen und vor allem ihren Mann und die lieben Kleinen zu umsorgen. Die Supermutter ist selbstverständlich nicht berufstätig, existiert ausschließlich in verheirateter, selten auch in geschiedener Form und geht voll und ganz in ihrer selbst auferlegten Aufgabe auf.

Am besten kommt sie mit einem Mann aus, der sich in die Kindererziehung nicht weiter einmischt, außer sie bittet ihn darum, und der sich auch nicht weiter daran stört, dass das abendliche Freizeitprogramm über Jahre hinweg nur in den eigenen vier Wänden stattfinden kann, da ein Babysitter selbstverständlich niemals über die Türschwelle käme.

Alles dreht sich um das Wohlergehen ihrer Familie, die immer schon ihr erklärtes Lebensziel war, und sie kennt kein größeres Glück, als wenn es den Menschen um sie herum gut geht. Dafür nimmt sie so manches in Kauf, steckt ihre eigenen Interessen, ohne es bewusst zu merken, zurück und opfert sich auf. In der Regel empfindet sie das jedoch nicht als belastend, vielmehr stellt sie es nicht weiter in Frage.

All das gilt selbstverständlich auch dann noch, wenn eben jene lieben Kleinen längst erwachsen geworden und aus dem Haus sind – und an diesem Punkt wird es kritisch. Denn in ihrer übervorsorglichen Art liegt immer auch eine gewisse Bevormundung, die zwar gut gemeint, jedoch nicht immer sehr gesund ist. Die Kinder einer Glucke werden oft erst spät selbstständig, da sie stets darum bemüht ist, ihnen alles Anstrengende und Unangenehme abzunehmen und ihre Brut vor den Gefahren der bösen Welt da draußen zu beschützen. Ängstlich und vorsichtig, wie sie ist, kontrolliert sie alles, begleitet die Kinder überall hin, lässt sie nicht mal alleine zum Spielen in den Garten und würde sie am liebsten noch am Tag der Abiturprüfung bis zum Schultor begleiten.

Der Abnabelungsprozess kann schwierig werden, zumal die Glucke in ein tiefes Loch fällt, sobald die Kinder flügge geworden sind, da sie von einem Tag auf den anderen ohne Lebensinhalt dasteht. Dafür sind Glucken aber oft wunderbare Großmütter, die sich sehr liebevoll um ihre Enkel kümmern – wenn man sie lässt.

Die Prinzessin auf der Erbse

Ursprünglich eine Figur aus einem Märchen von Hans Christian Andersen, hat die Prinzessin auf der Erbse sich längst als anerkannter Frauentyp etabliert. Während sie im Märchen erst pitschnass werden und trotz zwanzig Matratzen und Decken wegen einer Erbse eine schlaflose Nacht verbringen muss, bis sie ihren Prinzen bekommt, reicht es für die moderne Variante aus, eine zarte, sensible Person zu sein.

Sie ist empfindlich wie eine Mimose, sehr gefühlig, emotional und obendrein nah am Wasser gebaut, weshalb man sie am besten mit Samthandschuhen anfasst. Außerdem lässt sie sich auf eine positive Art gerne verwöhnen und bedienen und würde nie auch nur einen Finger krumm machen, sofern ein Mann in der Nähe ist, der ihr die eine oder andere Aufgabe abnehmen könnte. So würde sie zum Beispiel nie selbst beim Auto im Winter die Scheiben freikratzen, einen Fahrradreifen aufpumpen, eine schwere Tasche tragen oder ein Regal aufhängen. Diese ganz besondere Aura des Zarten und Zerbrechlichen, die sie umgibt, weckt wie schon beim ➤ Girlie sofort den Beschützerinstinkt in jedem Mann.

Eine waschechte Prinzessin auf der Erbse findet alles toll, was funkelt, glitzert, glänzt und kitschig ist – wie schon als kleines Mädchen. Auch ist sie mit Vorliebe die Schönste von allen, ein klitzekleines bisschen eitel, putzt sich gern raus und mag, selbst wenn sie das Prinzessin-Lillifee-Alter längst überschritten hat, am liebsten Rosa. Sie findet, dass jede Frau auf ihre ganz besondere Art und Weise eine Prinzessin ist und das weibliche Geschlecht grundsätzlich von der Männerwelt auch so behandelt, sprich auf Händen getragen werden sollte. Ihre Wohnung ist oft sehr romantisch eingerichtet, mit viel Deko, zarten Farben, ausgesuchten Möbelstücken und sonstigem Schnickschnack. Die Ästhetin liebt schöne Dinge, trägt gerne Kleider mit Rüschen und mag es verspielt, außerdem hat sie viele

Taschen, jede Menge Schmuck und schminkt sich gerne. Sie ist insgesamt sehr weiblich.

Am leichtesten hat man es mit ihr, wenn man sie tatsächlich wie eine Prinzessin behandelt und ihr den Hintern nachträgt. Eine echte Prinzessin auf der Erbse braucht keinen Wunschbrunnen, denn mit ihrem unschuldigen Augenaufschlag wickelt sie jeden Mann um den Finger und schafft es, dass er ihr so gut wie jeden Wunsch von den Lippen abliest – und das alles auch noch gerne für sie tut. Sie dankt es ihm schließlich mit einem bezaubernden Lächeln.

Die Abenteurerin

Wie schon die ➛ Naturliebhaberin ist auch dieser natürliche, ungeschminkte, manchmal burschikose Typ Frau am ehesten in der freien Natur vorzufinden. Allerdings geht es der Abenteurerin dabei weniger um die zwitschernden Vögel und den duftenden Waldboden, sondern vielmehr um die sportliche Betätigung an der frischen Luft, die nicht einschätzbare Herausforderung oder das gefährliche Erlebnis – den ultimativen Kick sozusagen.

Schon als Kind war sie eher wild, ist auf Bäume geklettert und in Pfützen gesprungen und war bei Wind und Wetter draußen. Heute ist der Klettersteig ihr Zuhause, Fallschirmsprünge macht sie zur Entspannung, und sie hat im Amazonasdschungel schon mal mit einer giftigen Schlange gekämpft. Außerdem fährt sie beim Einhandsegeln auf offenem Meer jedem Mann davon und schont sich auch sonst nicht. Kein Berg ist ihr zu hoch, keine Abfahrt zu steil, und sie donnert mit dem Mountainbike über abschüssiges Gelände, dass es kracht. Wohl fühlt sie sich nur dann, wenn ihr die Sonne auf die Stirn brennt, der Regen ihr den Schweiß abwäscht oder der Wind ihr um die Ohren pfeift, mit einem Satz: wenn sie den Elementen ausgesetzt ist.

Ihr Kleiderschrank, der mit dem Angebot eines mittelgroßen Sportartikelanbieters locker konkurrieren kann, quillt förmlich über vor bequemer Funktions- und Sportkleidung, und selbstverständlich hat sie für jede nur denkbare Sportart das passende Outfit parat. Das kleine Schwarze dagegen sucht man ebenso vergeblich wie High Heels – die würden bei den vielen Turnschuhen und Bergstiefeln sowieso nicht mehr in den Schuhschrank passen. Alles in allem ist sie ein sehr unkomplizierter, fröhlicher, da ausgeglichener und umgänglicher Typ Mensch, mit dem man viel Spaß haben kann. Sofern man ihr hinterherkommt.

Die Blondine

Eigentlich ist »Blondine« nichts anderes als die neutrale Bezeichnung für eine blonde Frau. Uneigentlich wird der Begriff inzwischen eher despektierlich benutzt und steht für eine durchaus attraktive, kurvige, wohlproportionierte naturblonde oder gefärbte Frau, der man eine nicht allzu hohe Intelligenz nachsagt. Legendär sind die zahllosen Blondinenwitze, die eben jenes Klischee von der mangelnden geistigen Leistungsfähigkeit blonder Frauen zum Thema haben.

Blondinen entsprechen seit Menschengedenken dem männlichen Schönheitsideal, und entsprechend präsent sind sie in einschlägigen Medien wie Pornofilmen oder Sexmagazinen. Man unterstellt ihnen eine ganz besondere Weiblichkeit und damit vor allem eine gewisse sexuelle Anziehungskraft, über die Brünette und Rothaarige so nicht verfügen. Außerdem sagt man Blondinen eine Vorliebe für teuren Schmuck und edle Kleider nach. Irgendwie entsprechen sie stets auch einem gewissen Kindchenschema, was aus männlicher Sicht vermutlich einen Großteil ihrer Attraktivität ausmacht. Nicht selten sieht man eine blonde Frau übrigens an der Seite eines deutlich älteren solventen Herrn, der sich mit ihr wie mit einem Statussymbol zu schmücken und damit vermutlich auch jünger zu machen versucht.

Die wohl berühmteste Blondine aller Zeiten ist Marilyn Monroe, die mit ihrer anrüchigen und zugleich naiven Art sogar dem amerikanischen Präsidenten John F. Kennedy den Kopf verdreht hat.

Das Shopping Victim

Das klassische Shopping Victim, auch Trendsetterin genannt, verbringt fast die komplette Freizeit in den Einkaufsstraßen der Metropolen dieser Welt und weiß stets, wo es die angesagtesten Boutiquen, die coolsten Klamotten und die besten Schnäppchen gibt. Kein Werksverkauf findet ohne sie statt, kein heruntergesetztes Designerkleid ist vor ihr sicher. Sie kennt die ortsansässigen Kaufhäuser und Outlet-Stores besser als ihre eigene Wohnung und würde für eine Handtasche von Hermès im Extremfall auch schon mal einen Mord begehen.

Dabei verleiht ihr die emotionale Erregung, die sie im Kaufrausch verspürt, den ganz besonderen Kick. Sie hat immerzu das Gefühl, sich für etwas belohnen oder trösten zu müssen, und die chemischen Reaktionen in ihrem Körper ähneln denen von Suchtkranken, womit finanzielle Notlagen vorprogrammiert sind.

Ein Shopping Victim achtet sehr auf ihr Aussehen, ist stets trendy gekleidet, trägt ihre Sachen selten länger als eine Saison und ist im Grunde rund um die Uhr auf der Jagd – in erster Linie nach Klamotten, Accessoires, Kosmetika und Schmuck. Wenn sie das Wort »Shopping« hört oder liest, fangen ihre Augen an zu glänzen, und sobald sie das Gefühl hat, ein paar Euro sparen zu können, schlägt sie zu. Sie geht einkaufen, bis der Arzt kommt – oder die Kreditkarte qualmt. Dabei ist es völlig irrelevant, dass ihr Kleiderschrank bereits aus allen Nähten platzt, die Schuhkartons mit den lila Riemchensandalen sich in der Abstellkammer im Quadrat stapeln und der freundliche Nachbar schon sein Kellerabteil als Ausweichmöglichkeit zur Verfügung gestellt hat. Ein waschechtes Shopping Victim hat nie genug.

Der Abstecher nach New York zum *Christmas Shopping* gehört ebenso zu ihrem Alltag wie das tägliche Durchforsten des Internets nach neuen Schnäppchenportalen. Die *Vogue* ist ihre persönliche Bibel, und sobald Anna Wintour etwas beklatscht, springt sie auf den Zug auf. Sie ist bestens informiert über den jüngsten Klatsch und Tratsch aus Hollywood und kennt die neuesten Labels und Designer selbstverständlich vor allen anderen.

Früher lebte das Shopping Victim bevorzugt in

der Großstadt, seit es das Internet gibt, ist sie jedoch nicht mehr ortsgebunden und daher überall anzutreffen.

Die Zicke

Hierbei handelt es sich um eine ganz heikle Spezies, da man im Umgang mit zickigen Frauen ständig Gefahr läuft, in Fettnäpfchen zu treten, die im Grunde gar keine sind. »Was willst du mir bitte damit sagen?« oder »Wie soll ich das jetzt verstehen?« sind ihre Standardsprüche, mit denen sie in erster Linie signalisieren will, dass sie in keiner Weise bereit ist, hier überhaupt irgendetwas zu verstehen.

Eine Zicke gilt, in den allermeisten Fällen nicht mal zu Unrecht, als arrogant, schnippisch und eingebildet. Sie hält mit ihrer Meinung grundsätzlich nicht hinterm Berg, vor allem wenn ihr etwas nicht passt, was häufiger vorkommen kann, und trompetet ihre Gedanken ungefiltert und ohne Rücksicht auf ihre Umgebung heraus. Diplomatie ist ein Fremdwort für sie, und um jemand anders als sie sollte die Welt sich möglichst nicht drehen. Sie reagiert extrem bockig, wenn sie ihren Willen nicht durchsetzen kann, nörgelt ständig an anderen herum, will immer eine Extrawurst gebraten haben, ist null kritikfähig und schafft es, ohne Rücksicht auf Verluste selbst den schönsten Abend zu ruinieren, wenn etwas nicht nach ihrem Kopf geht.

Im Gegensatz zu einer Diva, die den großen Auftritt liebt, die Aufmerksamkeit anderer genießt, zu Starallüren neigt und sich hauptsächlich echauffiert, um sich interessanter zu machen, zickt die Zicke um des Zickens willen. Gibt es eigentlich auch positive Seiten an diesen Frauen? Bestimmt, man müsste sich nur mal die Mühe machen und danach suchen…

Die größten Probleme im Umgang mit einer Zicke, die zu allem Übel auch noch stolz auf ihr Verhalten ist, bereitet den Herren der Schöpfung ihr angeborener Hang zur theatralischen Überreaktion. Sie macht grundsätzlich aus einer Mücke einen Elefanten, zelebriert wegen der banalsten Kleinigkeiten einen Aufstand von biblischem Ausmaß, und allzu oft weiß man gar nicht, welche Laus ihr jetzt schon wieder über die Leber gelaufen ist. Vermutlich sind die Hormone schuld, was allerdings nicht zweifelsfrei wissenschaftlich erwiesen ist. Man sollte dieses Verhalten daher einfach als gegeben hinnehmen oder schleunigst das Weite suchen.

Interessanterweise haben Zicken jedoch oft die nettesten Männer. Woran das wohl liegen mag?

Der Drache

Bei dieser Gattung handelt es sich zumeist um ältere, verheiratete Frauen, auch scherzhaft als »bessere Hälfte« bezeichnet, die mit spitzer Zunge, unverblümten Kommentaren, ständigen Ermahnungen, Zurechtweisungen und zur Not auch mit dem Nudelholz oder der sprichwörtlichen Bratpfanne für die Wahrung ihrer Interessen sorgen. Sie kommen hauptsächlich in Form von bösen Schwiegermüttern vor, in Anlehnung an Märchen wie *Schneewittchen*, *Aschenputtel* oder *Brüderlein und Schwesterlein*.

Der Drache oder Hausdrache hält das Familienzepter fest in der Hand und führt ein oft hartes, unbarmherziges Regiment. Die Rolle der Bestimmerin ist ihr ebenso vertraut wie die der Kritikerin und Besserwisserin. Sie mischt sich grundsätzlich in alles ein, hat an allem etwas auszusetzen und tut ungefragt ihre Meinung kund – und wehe, man schenkt ihr kein Gehör. Widerworte sind grundsätzlich nicht erlaubt, und diskutieren lässt es sich mit ihr auch nicht sonderlich gut.

Immerhin kann man sich jederzeit und überall darauf verlassen, dass der Drache für Zucht und Ordnung sowie die Einhaltung sämtlicher geltenden Regeln sorgt. Drachen fühlen sich für viele Dinge verantwortlich, um die sich niemand gerne kümmern mag, und gehen meist sehr engagiert vor – wenn auch manchmal ein bisschen zu engagiert. Aber das darf man ihnen dann auch nicht übel nehmen. Manch ein Drache ist zugleich eine ausgeprägte Plaudertasche, die regen Anteil an ihrer näheren Umgebung nimmt. Es ist ihr nicht peinlich, sich für alle sichtbar mit dem Sofakissen am Fensterbrett zu positionieren und neugierig zu beobachten, was um sie herum vor sich geht. Dabei kommentiert sie alles und jeden und redet und redet und redet und redet und redet … natürlich ohne Luft zu holen. Ihr bevorzugtes Lieblingsthema? Sie selbst und ihre Sicht auf die Dinge natürlich!

Der Ehemann eines Drachens, der anfangs vielleicht noch seine Position zu vertreten versucht hat, nimmt es irgendwann einfach mit stoischer Gelassenheit hin, dass sein keifendes Weib sich über alles und jeden beschwert, und gibt ihr einfach recht, damit er seine Ruhe hat. Er weiß zu schätzen, dass sie ihm den Haushalt macht und er noch nie ohne frisch gebügeltes Hemd ins Büro oder hungrig ins Bett gehen musste. Den Preis dafür zahlt er – ohne zu murren. Und er hat recht. Denn die einzig richtige Strategie im Umgang mit diesem Frauentyp lautet: Geduld, Geduld und noch mal Geduld – und die Ohren auf Durchzug schalten.

Die perfekte Hausfrau

Die Wäsche so weiß, dass es weißer nicht geht, sämtliche Flächen im Haus strahlend vor Glanz und porentief rein, die Familie satt und glücklich – dafür lebt die perfekte Hausfrau.

Sie kocht für ihr Leben gern, sammelt mit Begeisterung neue Rezepte, ist glücklich, wenn sie in der Küche herumwerkeln kann, und definiert sich über ihr wohlorganisiertes, aufgeräumtes Zuhause. Oftmals ist sie sehr gastfreundlich, lädt gern zum Essen ein und kann aus dem Handgelenk nicht nur den leckersten Apfelkuchen der Welt, sondern – wenn's sein muss auch im Handumdrehen – ein Filet Mignon zaubern, das einem förmlich auf der Zunge schmilzt. Obendrein ist die perfekte Hausfrau der einzige Frauentyp, der sich sogar über einen Kochtopf, ein Bügeleisen oder den neuen Pürierstab mit Autogramm von Johann Lafer zum Geburtstag freut.

In den Fünfzigerjahren war die perfekte Hausfrau nicht nur sehr verbreitet, sondern erlebte auch in der perfekt eingerichteten Küche als »ihrem Reich«, zu dem der Mann keinen Zutritt hatte, ihre Blütezeit, in der die gesellschaftliche Anerkennung für ihr Tun am höchsten war. Heute dagegen, da eine Frau fast selbstverständlich einem Beruf nachgeht und die

Hausarbeit nebenbei erledigt, hat die perfekte Hausfrau einen fast schon schalen Beigeschmack.

Sie gilt als tüchtig, fleißig, sparsam, ordentlich, gewissenhaft, brav, bieder, pflichtbewusst und stets darum bemüht, einen guten Eindruck zu hinterlassen – was sollen schließlich die Nachbarn denken? Das sind nun alles keine Tugenden, mit denen man heute noch jemanden hinterm Ofen hervorlocken könnte, und auch die vielen technischen Errungenschaften der letzten Jahrzehnte wie Mikrowelle, Spülmaschine & Co. haben ihr ein wenig den Rang abgelaufen. Heutzutage kann man sich auch etwas Warmes zu essen machen, obwohl man nicht kochen kann, und strahlend weiße Gardinen sind auch nicht mehr so wichtig wie früher. Es kann also gut sein, dass die perfekte Hausfrau schon in wenigen Jahrzehnten vom Aussterben bedroht sein wird.

Dabei ist die perfekte Hausfrau in der Regel ein ganz patenter Mensch mit einem ausgeglichenen, sonnigen Gemüt und großer Freude an dem, was sie tut. Sie mag vielleicht nicht super sexy oder aufregend sein, aber dafür hat sie eben andere Qualitäten. Im Grunde ist es wie bei Persil – da weiß man, was man hat. Und das sollte man auch zu schätzen wissen.

Die Feministin

Die Zeiten, als waschechte Feministinnen noch frigide Männerhasserinnen und/oder Lesben waren, in lila Latzhosen durchs Leben gingen und ihre BHs öffentlich verbrannten, sind seit einigen Jahren vorbei. Auch ist es nichts weiter als üble Nachrede, wenn behauptet wird, der Feminismus sei nur deshalb erfunden worden, um hässliche Frauen in die Gesellschaft zu integrieren. Ebenso wenig ist es wahr, dass Feministinnen »mit dem Gesicht verhüten«, wie einst ein bekannter Politiker behauptet hat.

Vielmehr ist dieser Typ Frau, gelegentlich abfällig auch »Emanze« genannt, in der heutigen Zeit weiter verbreitet, als man allgemein annimmt, wenngleich längst nicht mehr so präsent wie früher. Das hat damit zu tun, dass die Paradefeministin Alice Schwarzer mit ihrer provokanten und aneckenden Art jede Menge Vorarbeit geleistet hat, deren Früchte die jungen Frauen von heute ernten dürfen. Natürlich gibt es auch heute noch zahlreiche klassische Emanzen, die für die Rechte der Frau kämpfen und denen ein leicht verbissener Touch anhängt. Daneben existiert jedoch die moderne Feministin, die weiß, was sie kann und will, und die auch mal ihre weiblichen Reize einsetzt, um ans Ziel zu kommen.

Eine Unterkategorie zur Feministin ist übrigens Mrs. Ich-brauch-keinen-Mann. Sie besitzt eine Bohrmaschine, mit der sie wie ein Profi Löcher in die Wand bohrt, trägt Koffer, Wasserkisten und sonstige Bandscheibenkiller selbstverständlich ohne fremde Hilfe und lehnt männlichen Beistand gerne mit dem Satz »Danke, ich kann das schon alleine« ab. Auch sonst steht sie mitten im Leben und ist stolz darauf, dass sie keinen Mann braucht.

Die emanzipierte Frau von heute, die oftmals neben ihrem Beruf auch noch Mann, Kinder, Haushalt und Freizeitgestaltung bewältigen muss, wenn auch gemeinsam mit dem Partner, läuft allerdings Gefahr, zur eierlegenden Wollmilchsau zu werden. Und das wäre wiederum nicht im Sinne der Emanzipation.

Die Romantikerin

Eine Romantikerin hat immer auch was Träumerisches, Sanftes und Verspieltes, was sie in den Augen anderer leicht, zart und verletzlich erscheinen lässt. Wenn auch ein ganz anderer Typ als das ➛ Girlie, ist sie dennoch ähnlich mädchenhaft. Sie hat einen latenten Hang zum Kitsch, mag Blümchenmuster und Pastellfarben, hat oft lange Haare und wird nur selten mal laut. Ein Sommernachmittag auf einer Blumenwiese macht sie ebenso glücklich wie ein langer Strandspaziergang im Morgengrauen, ein Liebesfilm mit Happy End im Kino oder ein Candle-Light-Dinner bei stimmungsvoller Musik. Im Extremfall lebt sie recht zurückgezogen und in ihrer eigenen Welt und ist nicht immer praktisch und alltagstauglich veranlagt.

Das Herz einer Romantikerin kann man zwar auch per SMS und E-Mail gewinnen, leichter geht es jedoch mit handgeschriebenen Gedichten oder Liebesbriefen, Blumen, selbst zusammengestellten CDs oder – natürlich – mit einem Kurztrip nach Paris oder Venedig. Sie ist immerzu auf der Suche nach ihrem Märchenprinzen, der auf einem Schimmel herbeireiten und sie in sein Schloss bringen soll, wo sie dann bis ans Ende ihrer Tage mit ihm in Glück und Seligkeit schwebt. Sie ist nicht auf schnelle Liebesabenteuer aus, sondern sucht den Mann fürs Leben, der sie auf Händen trägt.

Selbstredend glaubt die Romantikerin fest an die große Liebe und würde selbstverständlich auch nur aus Liebe und nach einem klassischen Antrag mit Kniefall und allem Pipapo heiraten.

Vermutlich steckt in fast jeder Frau eine kleine Romantikerin, auch wenn es die meisten niemals zugeben würden.

Zwei Paar Stiefel: Was sie sagt – und was sie meint

Ein Mann kann 57 Fremdsprachen (inklusive Karakalpakisch, Yuchi und Malagasi) sowie sämtliche Bantu-Dialekte fließend vorwärts und rückwärts sprechen, seine eigene Frau versteht er deswegen noch lange nicht.

Das liegt unter anderem daran, dass Frauen und Männer, selbst wenn sie in ein und derselben Sprache kommunizieren, zumeist nicht ein und dasselbe meinen, wenn sie etwas sagen. Erschwerend hinzu kommt die Tatsache, dass Frauen wahre Meisterinnen der nonverbalen Kommunikation sind. Ohne auch nur den zartesten Hauch eines Zweifels gehen sie ganz selbstverständlich davon aus, dass ihr männliches Gegenüber ihr Augenrollen, Schmollen, wütendes Funkeln, verzweifeltes Achselzucken, hilfeschreiendes Abwenden oder stummes Schreien a) überhaupt bemerkt und es b) richtig einordnen kann. Gleiches gilt für all die Zwischentöne, die sich in Stimmlage, Sprechgeschwindigkeit, Atemfrequenz, Pulsschlag und Lautstärke (je leiser, desto gefährlicher) bemerkbar machen und gegen die das männliche Gehör qua Geburt immun zu sein scheint.

Nicht zuletzt aus diesem Grund muss der Mann die hohe Kunst des richtigen Umgangs mit Frauen erst mühsam erlernen, und in den meisten Fällen bleibt dies für ihn eine niemals endende Aufgabe, ein lebenslanger Lernprozess sozusagen. Ganz wird sich ein männlicher Zeitgenosse mit dem weiblichen Wortschatz, der eben so viel mehr umfasst als nur Wörter, vermutlich nie auskennen, aber er kann sich mit reichlich Geduld und Spucke durchaus sehr nah heranarbeiten und damit den Näherungswert gering halten. Ein wahrer Kenner und Experte wäre damit ein Mann, der jedes Wort versteht, das seine Frau sagt. Inklusive jener Wörter, die sie nicht sagt oder die sie anders meint, als sie es sagt, versteht sich. Auf letztere kommt es übrigens ganz besonders an, denn genau diese vertrackten Äußerungen, die auf den ersten Blick so eindeutig und damit harmlos erscheinen, bergen die größte Menge Sprengstoff.

Dass bei einer Frau ein Ja nicht nur ja, sondern je nach Sachlage auch nein heißen kann, dürfte inzwischen ebenso bekannt sein wie die Tatsache, dass ein Nein auch schon mal ja bedeuten kann, während ein

Vielleicht per se und ohne Ausnahme mit nein übersetzt werden darf. Wer sich nun für ganz ausgefuchst hält und meint, er könne mit der weiblichen Ausdrucksweise verfahren wie damals in der Schule mit der Übersetzung von *De bello Gallico*, der sei hier eindringlich gewarnt. Überhaupt bietet nicht nur die Art zu kommunizieren, sondern die weibliche Psyche generell Anlass für ein lebenslanges Studium. Wie sagte einst Sigmund Freud so schön? »Die große Frage, die ich trotz meines dreißigjährigen Studiums der weiblichen Seele nicht beantworten vermag, lautet: Was will eine Frau eigentlich?«

Nun, wenn das die Frauen mal selbst wüssten, wären wir alle einen großen Schritt weiter. Wankelmut und Stimmungsschwankungen gehören aber nun mal zum Weib wie grenzenlose Selbstüberschätzung und überbordendes Selbstbewusstsein von Kindesbeinen an zum Mann.

Die nun folgenden Beispiele mögen zumindest einen kleinen Anhaltspunkt bieten, um ein wenig Licht ins Dunkel zu bringen.

SIE SAGT	SIE MEINT
Meinst du, unser altes Sofa tut's noch?	Unser altes Sofa ist scheußlich. Ich kann es nicht mehr sehen und will unbedingt ein neues. Wann fahren wir ins Möbelhaus?
Nein, das macht überhaupt nichts. Ich hab nächstes Jahr ja wieder Geburtstag.	Du mieses Schwein hast meinen Geburtstag vergessen. Das werde ich dir nie verzeihen. Und wehe, es passiert dir nächstes Jahr wieder.
Mir gefallen beide Urlaubsvorschläge. Entscheide du.	Dir dürfte ja wohl hinlänglich klar sein, dass ich nicht in die Berge, sondern ans Meer will. Gnade dir Gott, wenn du dich falsch entscheidest.
Es ist nichts, wirklich!	… mal abgesehen davon, dass du der unsensibelste Volltrottel bist, der mir je begegnet ist.
Ich würde mich gegen das Jobangebot entscheiden, aber mach, wie du denkst.	Untersteh dich und nimm diesen Job an. Dafür werde ich dich bluten lassen.
Ich bin nicht sauer, dass du mit Holger einen über den Durst getrunken hast.	Ich bin stinksauer! Ständig kommst du sturzbetrunken nach Hause, wenn du mit diesem Holger weg warst. Das verbitte ich mir.

Klar kannst du morgen noch mal mit Holger weggehen.	Wehe, du wagst es, diesen Kerl noch mal zu treffen. Das wird dir noch leidtun.
Schatz, habe ich dir heute schon gesagt, dass ich dich lieb habe?	Also, ich war heute in der Stadt und hab da ein sündhaft teures Kleid gesehen, das ich unbedingt haben muss, aber mein Geld reicht leider nicht dafür. Würdest du es mir bitte kaufen? Und die Schuhe dazu auch?
Macht doch nichts, dass du dich heute nicht rasiert hast, schließlich ist Sonntag.	Du hättest dich ruhig rasieren können, auch wenn Sonntag ist.
Du bist wirklich ein interessanter Mann.	Na ja, mein Typ bist du nicht, aber in meinem Alter darf man nicht mehr wählerisch sein.
Das Baby von den Müllers ist echt süß.	Wann bekommen wir endlich ein Kind? Und einen Heiratsantrag hast du mir auch noch nicht gemacht, du Schuft!
Diese Handtasche ist irgendwie unpraktisch.	Wann kaufst du mir endlich wieder mal eine Handtasche? Als wir noch frisch verliebt waren, kam das öfter vor.
Ach, das Ikea-Regal kannst du irgendwann mal zusammenbauen, wenn du Zeit hast.	Bau das Ikea-Regal zusammen. Jetzt! Sonst setzt's was!

Du bist heute so nett zu mir … Womit hab ich das verdient?	Mach dir bloß keine Hoffnungen, ich will keinen Sex.
Angela hat schon wieder einen neuen Pelzmantel. Echt verschwenderisch, meinst du nicht?	Wieso kaufst du mir keinen Pelzmantel? Ich will schon lange einen, aber du bist ein fürchterlicher Geizkragen.

Zugegeben, die Bandbreite dessen, was möglich ist, ist leider verdammt groß und bildet selbstverständlich nicht all die Momente ab, in denen es zu einem der oben genannten Sätze auch noch eine alternative, völlig andere Deutungsmöglichkeit gibt. Ein Grund zur Kapitulation oder totalen Entmutigung ist dies jedoch nicht.

Insofern bleibt dem Mann als solchem nichts weiter übrig, als die gesamte Angelegenheit als sportliche Herausforderung zu betrachten, bei der man auf dem Weg zum Weltrekord – hier: zur barriere- und konfliktfreien Kommunikation mit der eigenen Partnerin – die eine oder andere Hürde überwinden muss.

Textinterpretation für Könner

Im Interpretieren, vor allem im Hineininterpretieren, sind Frauen ganz große Klasse. Da macht ihnen so schnell keiner was vor und ganz sicher auch niemand etwas nach. Erst recht kein Mann.

In Schule und Studium ist dieses Können im Allgemeinen sehr hilfreich, etwa wenn es darum geht, einen Aufsatz darüber zu verfassen, wie Franz Kafkas Erzählung *In der Strafkolonie* zu verstehen sei. Jedenfalls gibt es in der Schule für besonders spitzfindige und einfallsreiche Interpretationsversuche mit Sicherheit gute, wenn nicht sehr gute Noten und dazu ein Lob vom Lehrer. Im Umgang mit dem männlichen Geschlecht dagegen können allzu fantasievolle Interpretationsversuche zu fatalen Folgeerscheinungen führen – für beide beteiligten Parteien. Zu groß ist die Gefahr einer Fehlinterpretation, zu groß die Wahrscheinlichkeit, dass es statt Lob Unverständnis und Ärger hagelt.

Was bedeutet Nichts?

Diese bis zur Perfektion ausgeprägte Interpretationsfähigkeit der Frau gründet sich auf die im vorangegangenen Kapitel beschriebene typisch weibliche Art, nicht nur mittels Worten, sondern auch mit zahlreichen Zwischentönen zu kommunizieren. Ausgehend davon, was sie sich so alles dabei denkt, wenn sie wieder mal »Nichts!« sagt, lässt sich eine jede Frau von einem lapidar und ohne Hintergedanken geäußerten »Nichts!« ihres Mannes völlig aus der Fassung bringen. Nicht selten sogar auch um den nächtlichen Schlaf.

Da liegt sie dann zwischen den Laken, hellwach, und grübelt, was er wohl gemeint haben könnte mit diesem »Nichts!«, während er selenruhig neben ihr ins Kissen schnarcht. Und mit einer Wahrscheinlichkeit von neunundneunzig Prozent auch tatsächlich »nichts« gemeint hat, und zwar tatsächlich ohne Hintergedanken.

Im schlimmsten Fall steigert sich die Frau, mit ihrer Fantasie und Interpretationsgabe in der nächtlichen Dunkelheit allein gelassen, derart in die ausgemalten Horrorszenarien hinein, dass sie sich zum äußersten Schritt gezwungen sieht. Sie weint ein paar bittere Tränen und überrascht ihren Mann am nächsten Morgen beim Frühstück mit dem Satz: »Ich glaube, wir sollten uns trennen, wenn du nicht mehr mit mir zusammen sein willst.« Sollte er daraufhin, was zu erwarten ist, aus allen Wolken fallen, wird es nur noch komplizierter, da sie ihn nun zu allem Übel obendrein der arglistigen Täuschung und Verschleierung von Fakten bezichtigt.

Frauen sind nicht oder nur in den seltensten Fällen in der Lage, sich in die männliche Denkweise hineinzufühlen. Sonst sehr empathisch und dem Mann in Gefühlsangelegenheiten haushoch überlegen, will es ihnen nicht gelingen, die nüchternen Fakten auch als solche zu betrachten. Jedenfalls nicht, wenn man so viele schöne und leider noch viel mehr unschöne Dinge in dieses eine Wort mit gerade mal sechs Buchstaben hineininterpretieren könnte. So simpel kann es unmöglich sein, sagen sie sich und durchpflügen ihre Gehirnwindungen auf der Suche nach einer möglichen Erklärung für sein Verhalten.

Nun könnte man als Mann einfach sagen: Die Frau ist selbst schuld. Sie kann eben nicht logisch denken und wird ihren hübschen Kopf daher immer mal wieder mit ebenso unnötigen wie unschönen Spekulationen belasten. Doch so leicht kommen die Herren der Schöpfung nicht davon. Zum einen böte die laute Äußerung dieses Gedankens hinreichend Zündstoff für einen neuen Streit, zum anderen ist diese Annahme falsch. Frauen können nämlich sehr wohl logisch denken. Allerdings erschließen sich die Um- und Schleichwege, welche die weiblichen Gedanken beim Akt des Denkens gerne nehmen, keinem Mann. Denn sie haben in aller Regel nichts, aber auch gar nichts damit zu tun, was ein Mann unter Logik versteht.

Und dass ein »Nichts!« tatsächlich nichts weiter bedeutet als »Nichts!«, entspricht wiederum ganz und gar nicht der weiblichen Logik. Und die ist hier ausnahmsweise mal maßgebender als die männliche.

Sport ist Mord – oder zumindest eine Beleidigung

Nur noch mal zur Sicherheit: Äußert ein männliches Wesen einen Satz zu diesem oder jenem Thema, dann ist der Inhalt in der Regel genau so gemeint wie gesagt. Leider hindert diese unumstößliche Tatsache nur die wenigsten Frauen daran, das Gesagte so lange hin und her zu drehen und zu wenden, bis sie genau das heraushören, was sie heraushören wollen. In den allermeisten Fällen sind das Dinge, die sich der Mann in seinen kühnsten (Alb)Träumen nicht ausgedacht, geschweige denn jemals ausgesprochen hätte. Und in den allerwenigsten Fällen sind diese Dinge positiv.

Das liegt daran, dass Frauen grundsätzlich von ihren eigenen Schwächen ausgehen, die ihnen jederzeit und an jedem Ort, und zwar egal was sie gerade tun, allzu bewusst sind. Im Gegensatz zu Männern, die mit ihren Schwächen – sei es ein Bierbauch, mangelndes Einfühlungsvermögen oder zwei linke Hände beim Spülen – eher sportlich umgehen, halten Frauen sich ihre Defizite rund um die Uhr vor Augen und sind entsprechend schnell dabei, selbst die unverfänglichste Äußerung sofort auf sich und ihre Fehler zu beziehen. Zumeist handelt es sich dabei um Fehler, die lediglich in der Fantasie der Frauen existieren, etwa unansehnliche Knie oder siebenhundertachtzig Gramm zu viel auf der linken Hüfte. Alles Dinge, auf die ein Mann, noch dazu ein verliebter, niemals achten würde, selbst wenn man ihn mit der Nase darauf stieße. Allerdings ändert dies nichts daran, dass die Frauen davon ausgehen, der Mann nehme nichts anderes wahr, wenn er sie betrachtet.

Dieses Wissen vorausgesetzt, ist es für einen jeden Mann sinnvoll, wenn er mit der Zeit ein gewisses Gespür für die wunden Punkte seiner Partnerin entwickelt, um rechtzeitig gegenzusteuern und ebenso unschöne wie unnötige Diskussionen schon im Vorfeld zu vermeiden.

Das Ganze könnte in etwa so aussehen: Ein Mann möchte am Wochenende endlich mal wieder joggen gehen, hat aber keine Lust, alleine durch den Park zu rennen. Bevor er seinen Freund anruft, der sowieso viel trainierter ist als er und ihm nur ein Frusterlebnis verschaffen würde, fragt er seine Frau. Schließlich hat er dazugelernt und sich vom letzten Streit mit den sich anschließenden drei Wochen Bestrafungsschweigen von ihrer Seite gemerkt, dass es nicht reicht, wenn er einfach sagt: »Ich gehe jetzt joggen.«

Für ihn impliziert dieser Satz selbstverständlich die Aufforderung an seine Frau, ihn zu begleiten, sie dagegen fühlt sich ohne ausdrückliche Einladung übergangen und ausgeschlossen. Da er ein guter, toleranter und verständnisvoller Mann ist, hat er sich die Beschwerde zu Herzen genommen und fragt diesmal ausdrücklich nach, in der Annahme, er habe nun alles richtig gemacht.

Alles richtig gemacht? Weit gefehlt!

Denn wenn er beim Frühstück zu seiner Frau sagt: »Hast du Lust, heute mit mir joggen zu gehen?«, besteht eine Wahrscheinlichkeit von 1:100.000, dass er als Antwort nicht wie erhofft »Ja klar, ich bin dabei« zu hören bekommt, sondern ein »Findest du etwa, ich bin zu dick?«. Und zwar mit nachfolgender zweieinhalbstündiger Diskussion zum Thema, inklusive sich anschließender weiterer drei Wochen Bestrafungsschweigen von ihrer Seite.

Die Transferleistung von Lust auf Sport zum (vermeintlichen) Übergewicht der eigenen Gemahlin mag für das männliche Gehirn recht gewagt erscheinen, für das der Frau dagegen ist es ein Klacks. Die Synapsen im weiblichen Gehirn scheinen irgendwie anders verknüpft zu sein, jedenfalls sind sie in der Lage, die – aus männlicher Sicht – abstrusesten Zusammenhänge herzustellen. Selbstverständlich auch solche, die es gar nicht, und zwar nicht mal im Ansatz gibt.

Um derlei zu vermeiden und mehr Zeit zum Joggen zu haben, sollte der Mann seine Wünsche bei eventuell heiklen Themen in Watte packen. Dann spart er sich lästige Diskussionen, kann länger joggen, und im Idealfall nimmt seine Partnerin auch noch ab, sofern sie ihn begleitet und es tatsächlich nötig haben sollte, versteht sich. Das heißt also im soeben beschriebenen Fall, dass er die Frage folgendermaßen formulieren sollte: »Ich müsste dringend mal wieder joggen gehen, damit ich dir weiterhin gut gefalle, habe aber keine Lust, allein meine Runden zu drehen. Du hast das natürlich nicht im Geringsten nötig. Hättest du vielleicht trotzdem Lust, mich zu begleiten?«, dann sieht die Sachlage schon anders aus.

Viel besser.

»Schatz, wir müssen reden!«

Frauen können plappern wie ein Wasserfall und hören oft selbst dann nicht auf zu reden, wenn ihnen niemand mehr zuhört. Die meisten Männer haben sich an diese Tatsache gewöhnt und versuchen damit im Alltag bestmöglich umzugehen.

Äußert eine Frau jedoch einen Satz wie »Schatz, wir müssen reden!«, herrscht aus der Sicht eines Mannes grundsätzlich erst mal Alarmstufe Rot. Selbst der naivste, sorgloseste und unsensibelste Kerl wittert knapp siebzehn Kilometer gegen den Wind, dass nun höchstwahrscheinlich eine Beschwerde ins Haus steht, die dringend ausdiskutiert werden sollte. Damit hat er natürlich irgendwo recht, dennoch soll diese – aus Sicht einer Frau absolut neutrale – Aussage zunächst einmal nichts weiter signalisieren als den weiblichen Gesprächsbedarf. Der Satz allein zieht also nicht automatisch eine Beschwerde nach sich. Zu der kommt es erst dann, wenn die Frau sich mit ihrem Anliegen nicht genügend gehört und damit ernst genommen und wertgeschätzt fühlt.

Sobald sie merkt, dass sie bei ihm mit ihrem durchaus freundlich gemeinten Angebot auf Widerstand stößt, sind all ihre guten Vorsätze, diesmal ganz sachlich zu bleiben und ihn weder anzuschreien noch in Tränen auszubrechen, binnen Sekunden nichts als Makulatur. Männliche Ausweichmanöver und Ablenkungsversuche nimmt die Frau zumeist nicht als solche wahr. Sie merkt nur, dass ihr Wunsch nicht auf Gegenliebe, sondern Abwehr trifft, und fühlt sich zurückgestoßen. In dem festen Glauben, dass er den Ernst der Lage nicht erkennt oder zumindest herunterzuspielen versucht, unterstellt sie ihm eine Verharmlosung des Konflikts, woraus dann oft erst der richtige Konflikt entsteht.

Handelte es sich nämlich lediglich um einen harmlosen, alltäglichen Austausch von Informationen, etwa die neuesten Neuigkeiten über die alte Nachbarin in der Wohnung gegenüber oder die jüngste Geschichte über eine entfernte Bekannte oder über irgendeine andere nichtige Begebenheit, die ihr im Laufe des Tages widerfahren ist, so würde sich die Frau ganz sicher nicht damit an ihren Partner wenden. Sie würde sich vielmehr ganz selbstverständlich ihrer besten Freundin anvertrauen, mit der sie auch sonst alles bespricht.

Jedenfalls bemerkt sie es nicht, dass in ihm bei der Aufforderung zum Reden, die sie eigens, um ihre Versöhnungsbereitschaft zu signalisieren, mit einer Anrede in Koseform garniert hat, sämtliche Alarmglocken schrillen. Eine Frau kann zwar hervorragend interpretieren, aber erkennen, was in einem Mann tatsächlich vorgeht, vor allem wenn er äußerlich völlig unbeteiligt und ruhig vor ihr steht, obwohl es in seinem Inneren kocht und rumort – das kann sie nicht. Dies liegt vor allem daran, dass eine Frau sich beim allerbesten Willen nicht vorstellen kann, dass ein Mann nicht so denkt und fühlt wie sie. Auf diesem Ohr ist sie einfach taub.

Sie versteht auch nicht, dass er als Freund klarer Worte und Ansagen kein Um-den-heißen-Brei-Herumgerede, sondern Fakten braucht. Vielmehr wird sie immer versuchen, den Einstieg ins Thema so geschmeidig wie möglich zu gestalten, um auf seine sensible Seele Rücksicht zu nehmen. Sie kann es nicht nachvollziehen, wenn er ihr deeskalierend gemeintes Friedensangebot als »Gefühlsduselei« abtut. Dementsprechend merkt sie leider auch nicht, dass den Mann, sobald er das Wort »Gefühl« oder eines der Synonyme hört, eine mittelschwere Panikattacke überkommt. Sie kann das nicht wissen, ja nicht mal ahnen, weil er es weder sagt noch andeutet.

Genauso wenig vermag sie sich vorzustellen, dass er die Verwendung des Pronomens »wir«, durch die sie Verbundenheit herstellen und ein Gemeinschaftsgefühl erzeugen möchte, komplett in den falschen Hals bekommt. Nicht im Traum käme sie auf den Gedanken, dass er sich davon automatisch eingeengt, bevormundet und unter Druck gesetzt fühlt. Demnach trifft sein Abwehrverhalten sie völlig unvorbereitet. Wenn er ihren gut gemeinten Versuch, durch die Verwendung von »wir« ihr eigenes Interesse zugunsten einer gemeinsamen Gesprächsebene herunterzuspielen, nicht anerkennt, weil er den Satz »Schatz, wir müssen reden!« als Befehl auffasst, ist sie mit ihrem Latein am Ende.

Immerhin hat sie aus ihrer Sicht alles richtig gemacht, denn sie hat lediglich einen Vorschlag geäußert, in der Hoffnung auf einen anregenden, klärenden Austausch, und ihn obendrein durch das »wir« auch noch einbezogen. Wenn er nun zum Dank schweigend und mit vor der Brust verschränkten Armen ihre Litanei über sich ergehen lässt und, statt konstruktive Vorschläge zu machen, versucht, sich mittels Ironie oder bissiger Bemerkungen in Selbstverteidigung zu üben, ist es kein Wunder, dass sie darauf irritiert und beleidigt reagiert.

Dabei käme der Mann jederzeit mit einem blauen

Auge oder sogar noch günstiger davon, wenn er sich einfach nur die halbe Stunde für das »Gespräch«, das in Wahrheit ein weiblicher Monolog sein wird, Zeit nehmen, ab und zu nicken und »Ich verstehe, was du meinst« sagen würde, um sie am Ende des Gesprächs in den Arm zu nehmen und festzuhalten. Hinterher wird er dann erstaunt feststellen: Hat ja gar nicht wehgetan.

Meinungsverschiedenheiten

Sollten Mann und Frau mal nicht einer Meinung sein, was durchaus häufiger vorkommt, als so manchem Mann lieb ist, dann kann es sich im Einzelfall für den Mann schon mal lohnen, auf Zeit zu spielen. Allerdings handelt es sich hierbei um einen gefährlichen Drahtseilakt, denn selbst eine winzige Fehleinschätzung kann ein Donnerwetter nie geahnten Ausmaßes nach sich ziehen.

Grundsätzlich ist es möglich, dass der Mann bei der einen oder anderen Diskussion tatsächlich besser fährt, indem er, anstatt zu protestieren, ihre These zu widerlegen oder ihr zu widersprechen, schlicht abwartet. Dies gilt vor allem für jene Situationen, wenn sie völlig abstruse Theorien aufstellt, oder bei den üblichen Alltagsnörgeleien über nicht zugedrehte Zahnpastatuben & Co. Bei letzteren geht es der Frau ohnehin zumeist weniger darum, eine Lösung für das geschilderte Problem zu finden, als vielmehr einen Zuhörer. Oftmals arbeitet die Zeit dann für den Mann, und die Frau widerspricht sich früher oder später selbst. Er sollte allerdings tunlichst davon absehen, sie darauf hinzuweisen, zumal mit einem spöttischen Grinsen oder Unterton in der Stimme.

Doch Vorsicht! Diese Taktik sollte unter keinen Umständen bei heiklen Themen wie Eifersucht oder dem Vorwurf, sie fühle sich von ihm vernachlässigt und weniger geliebt, angewendet werden. Die Gefahr der Eskalation und somit eines handfesten Beziehungsstreits ist dann nämlich vorprogrammiert. Leider mangelt es der Frau, vermutlich aus genetischen Gründen, an Lockerheit und einer gewissen Leichtigkeit im Umgang mit schwierigen Momenten. Dies ist vom Mann einfach so hinzunehmen, da jegliche Versuche, daran etwas zu ändern oder die Frau gar darauf hinzuweisen, als nicht beziehungsfördernd gelten. Ebenso wenig sollten ihr im Rahmen einer Diskussion Verbissenheit, Hartnäckigkeit und Unerbittlichkeit vorgeworfen werden, da derlei Anschuldigungen, und wenn sie noch so wahr sein mögen, alles andere als förderlich für eine sachliche, nüchterne Diskussion sind. Und die sollte bei Meinungsverschiedenheiten stets das Ziel des Mannes sein.

Der Umgang mit dem typisch weiblichen Verhaltensmuster, Schweigen als Druckmittel einzusetzen, ist hingegen denkbar einfach: Wenn eine Frau bei einem solchen Beziehungsgespräch ausnahmsweise mal schweigt, sollte der Mann sie auf keinen Fall unterbrechen, sondern lieber die Ruhe genießen. Die dreißig Sekunden vergehen sowieso schneller, als ihm lieb ist.

Interessant ist in diesem Zusammenhang, dass Frauen, wie von einer inneren Uhr gesteuert, prinzipiell mitten in der Nacht, also kurz vorm Einschlafen, ein solches Beziehungsgespräch einfordern oder einen Streit vom Zaun brechen. Da sitzt man den ganzen Abend nebeneinander auf dem Sofa stumm vor dem Fernseher, während eine Minute nach der anderen verstreicht, ohne dass sie auch nur einen Ansatz unternimmt. Kaum liegt man jedoch im Bett und der Mann will nichts als entspannen und seine Ruhe, da legt sie los.

Gut vier, wenn nicht gar fünf Stunden hätte man Zeit gehabt, wäre der Mann zumindest noch begrenzt aufnahmefähig und gesprächsbereit gewesen, doch nichts geschieht. Vielmehr wartet sie zielgenau den Augenblick ab, wenn ihm die Augen zufallen, sein Körper alle Funktionen auf »Minimal« zurückfährt und das männliche Gehirn nur noch mit eingeschränkter Leistungsfähigkeit funktioniert.

In solchen Fällen hilft nur eines: aufstehen, einen Kaffee kochen, sich gemeinsam an den Küchentisch setzen und wenigstens versuchen, ihr zuzuhören. Die andere Variante, nämlich sich einfach schlafend zu stellen, wäre dagegen fatal.

Die zweite Chance

Nicht selten trifft es den Mann wie aus heiterem Himmel, wenn die Frau eines Tages zu ihm sagt: »Ich will (dich) nicht mehr.«

Wie vom Donner gerührt steht er dann da und stammelt: »Aber … du hast doch nie was gesagt! Ich hab 'ne zweite Chance verdient.«

In aller Regel wird er diese Chance nicht bekommen. Und meistens wird er nicht verstehen, warum er sie nicht bekommt. Er ist der Meinung, sie stehe ihm fairerweise zu. Schließlich hat er aus seiner Sicht gerade zum ersten Mal von dem Problem gehört und wäre nun theoretisch gewillt, etwas zu ändern. Er macht also alles richtig. Oder?

Aus ihrer Sicht fordert er da gerade jedoch nicht die zweite, sondern ungefähr die zweihundertste

Chance ein. Und bei einhundertneunundneunzig war leider endgültig Schluss.

Sie hat ihm in der Vergangenheit so viele Möglichkeiten gegeben, ihre Not zu erkennen und etwas zu ändern, doch er hat sie alle nicht genutzt. Der Mann war nicht in der Lage, die unzähligen Zeichen, Andeutungen und Signale, mit denen seine bessere Hälfte seit geraumer Zeit SOS gefunkt, sprich ihre Unzufriedenheit ausgedrückt hat, zu sehen. Oder er hat sie nicht sehen wollen. Ebenso wenig hat er ihre Nörgeleien und fast schon alltäglichen Beschwerden wirklich ernst genommen, sondern sie vermutlich unter Hormonschwankungen oder typisch weiblichem Ausdrucksverhalten abgespeichert und auch schon wieder vergessen, kaum dass der letzte Ton verhallt war.

Dabei hätte er besser daran getan, ihre Äußerungen und Andeutungen ernst zu nehmen. Sei es der kleine, wenn auch in scherzhaftem Ton geäußerte Seitenhieb beim Abendessen, dass sein Hüftumfang inzwischen die Ausmaße eines Pottwals angenommen habe. Oder der stumme Vorwurf, der sich nur durch ihren genervten Blick offenbarte, weil er wieder mal seine Sporttasche mit den verschwitzten Klamotten in der Garage abgestellt hat, wo sie das stinkende Polyester eine Woche später entdeckt und entsorgt hat. Das Gleiche gilt für Sätze wie: »Du kümmerst dich ja nicht darum, also habe ich den Nachbarn gefragt, ob er das Gartentor ölt« oder »Du weißt, dass deine Mutter gestern Geburtstag hatte. Sie hat ihre Wut, dass du sie vergessen hast, übrigens an mir ausgelassen.«

All das sind überdeutliche Warnhinweise, die ein Mann auf gar keinen Fall auf die leichte Schulter nehmen darf, auch wenn sie ihm auf den ersten Blick nicht weiter dramatisch oder beachtenswert erscheinen mögen. Das weibliche Gehirn verfügt über eine erstaunliche Speicherkapazität, und auch wenn man Frauen gemeinhin nachsagt, im Fach Mathematik nicht zu den Allerbesten zu gehören – wenn es darum geht, schlechte Erlebnisse und Erfahrungen zu multiplizieren und potenzieren, entwickeln sie Fähigkeiten, die kein Mann je bei ihnen vermutet hätte.

Eines steht fest: Eine Frau trennt sich in den allerseltensten Fällen unverhofft von einem Mann, mit dem sie länger als ein Jahr zusammen war. Vielmehr zieht sich der für die Frau äußerst schmerzhafte Trennungsprozess oft über mehrere Monate, wenn nicht gar Jahre hin. Sind außerdem Kinder im Spiel, erst recht kleinere, überlegt sie es sich gleich noch gründlicher und spielt vorher sämtliche Szenarien im Geiste durch. Auch die Möglichkeit, an seiner Seite zu bleiben. Hat sie sich nach langem Ringen mit sich, stundenlangen Telefonaten mit ihren drei besten Freundinnen und unzähligen vergeblichen Versuchen, mit ihm zu reden oder ihm mittels Gesten und Taten ihre Unzufriedenheit zu signalisieren, erst mal dazu entschlossen, die Trennung durchzuziehen, dann zieht sie die Trennung auch durch. Komme, was da wolle.

Da kann der Mann auf Knien mit Rosen und Diamantring in der Hand betteln, den seit Jahren verweigerten Karibikurlaub vor ihren Augen buchen, den Fernseh- und Alkoholkonsum einschränken bis komplett aufgeben oder den Papst persönlich als Vermittler vorbeischicken. Er kann es sich getrost sparen: *Rien ne va plus*.

Der Vollständigkeit halber soll hier nicht verschwiegen werden, dass die Frau durch ihren latenten Hang zur ewigen Nörgelei sowie zu sonstigen Unmutsäußerungen und Unzufriedenheitsbekundungen selbst keinen unerheblichen Anteil an dem ganzen Desaster hat. Denn dass der Mann bei Dauergequengel die Ohren spätestens im dritten Beziehungs- oder Ehemonat einfach auf Durchzug stellt, kann ihm nun auch nicht verübelt werden.

Nun ja, Vorsorge ist nicht nur im Hinblick auf eine Haftpflicht-, Hausrat- oder Lebensversicherung besser als Nachsorge, sondern auch im Umgang mit der eigenen Partnerin. Wer sich die Mühe macht und sich entsprechend rüstet, der wird garantiert belohnt: zumindest mit einer zweiten Chance.

Zu viel Gefühl

Frauen sind echte Könnerinnen, wenn es darum geht, Gefühle wie Wut, Enttäuschung, Empörung, Verletztheit oder Traurigkeit bewusst oder unbewusst einzusetzen, um einen Mann gefügig zu machen oder ihre eigenen Interessen und Wünsche durchzusetzen. Böse Zungen nennen so etwas Manipulation oder gar emotionale Erpressung, eine Frau dagegen würde stets sagen, dies sei nichts weiter als zielgerichtetes Handeln.

Wenn ein Mann keine Lust hat, über Gefühle zu reden, was sehr viel häufiger vorkommt, als den Frauen lieb ist, dann lässt er ja auch kein Ausweichmanöver unversucht und keinen Fluchtweg ungenutzt, um dem für ihn unangenehmen Gespräch zu entfliehen. Im Grunde ist dies genau das Gleiche, nur ohne Tränen.

Tränen lügen nicht

Es gibt Frauen, die brechen bei jeder sich bietenden Gelegenheit in Tränen aus, ohne dass ein Außenstehender auf Anhieb – und manchmal sogar nicht einmal nach ihrer schluchzend vorgetragenen Erklärung – nachvollziehen könnte, welches Drama da gerade vor sich geht. Nun könnte ein Mann zu dem Schluss kommen, dass alle Frauen Heulsusen mit einer latenten Neigung zu völlig unbegründeter Hysterie sind, und sich wieder seinem Tagesgeschäft zuwenden. Nur ist damit leider keinem von beiden geholfen.

Fakt ist: Die Frauen können (meistens) gar nichts dafür! Schuld ist das Hormon Prolaktin, das in der Hypophyse gebildet wird. Es ist wissenschaftlich bewiesen, dass der Prolaktinspiegel, der maßgeblich an den weiblichen Gefühlsausbrüchen beteiligt ist, bei der Frau in der Regel um die Hälfte höher ist als beim Mann. Kein Wunder, dass Frauen doppelt so häufig oder vielleicht auch ein klitzekleines bisschen mehr in Tränen ausbrechen als ihre männlichen Gegenparts.

Aber jetzt mal ehrlich und allen Hormonschwankungen zum Trotz: Die wenigsten Frauen weinen, weil sie wirklich traurig sind. Vielmehr ist so ein Tränenausbruch in den allermeisten Fällen eine Reaktion auf etwas, das zuvor stattgefunden hat. Etwa auf eine vom Partner gemachte Bemerkung, die ihre empfindliche Seele verletzt hat. Auf einen Streit, der wegen einer Nichtigkeit entbrannt ist. Auf ein als unpassend empfundenes Weihnachts- oder Geburtstagsgeschenk. Häufiger jedoch ist es eine Reaktion auf etwas, das *nicht* stattgefunden hat. Auf eine lange erhoffte Liebeserklärung zum Beispiel. Auf ein Versprechen, das nicht eingehalten wurde. Oder auf ein Schmuckstück, das sie sich vergeblich gewünscht hat.

Gelegentlich ist so ein Tränenausbruch aber auch ein Appell an das Mitgefühl und den Beschützerinstinkt ihres Gegenübers. Wenn sie sich, von wem auch immer, ungerecht behandelt, übervorteilt oder übergangen fühlt. Wenn es ihr nicht gut geht und sie dringend Beistand benötigt, dies aber nicht mit Worten sagen kann oder mag. Oder aber um von einer eigenen Verfehlung abzulenken, für die sie sich schämt, oder ihr schlechtes Gewissen vorab zu erleichtern.

Nicht zuletzt sind Tränen nichts anderes als ein Schrei nach Liebe und Aufmerksamkeit und lügen alleine deshalb in den allermeisten Situationen nicht. Ausnahmen bestätigen selbstverständlich die Regel, denn natürlich gibt es unter den Frauen auch echte

Luder, die so etwas wie ehrliche Tränen gar nicht weinen können.

Der Umstand, dass die meisten Männer beim Anblick einer weinenden Frau am liebsten die Flucht ergreifen würden und automatisch zur Salzsäule erstarren, sobald ihr die erste Träne über die Wange kullert, macht die Sache nicht leichter. In ihrer prekären Lage ist die Frau leider nicht fähig, die Sprach- und Hilflosigkeit des Mannes wahrzunehmen, geschweige denn richtig einzuordnen und nicht auf sich zu beziehen. Sie wird immer denken, dass sie ihm a) egal, b) egal, c) egal und d) egal ist, was in ihren Augen nichts anderes heißt als: Er liebt mich nicht. Jedenfalls nicht genug.

Das einzig Richtige, was ein Mann in einer solchen feucht-traurigen Angelegenheit tun kann, vom Idealfall, dass er die richtigen tröstenden Worte findet, mal abgesehen, ist Folgendes: Er nimmt die Frau in den Arm, er hält sie fest, er streicht ihr übers Haar, er sagt: »Lass es raus, Schatz. Danach geht's dir besser.« Wenn er dann noch ein »Ich bin ja da« über die Lippen bringt, hat er zumindest diese Situation wahrhaft souverän gemeistert.

PMS und sonstige Launen

Stimmungsschwankungen bei Frauen können in etwa so viele Ursachen haben wie der Indische Ozean Wassertropfen. Darunter gibt es sicher nicht wenige Gründe, die einem Mann eher lächerlich oder nicht der Rede wert erscheinen mögen, während sie für eine Frau unumstößlich und sehr bedeutend sind. Nun, darüber lässt sich streiten. Fakt ist jedoch: Egal wie unbedeutend einem Mann der Anlass für die eine oder andere Laune erscheinen mag, die Folgen für ihn sind zumeist alles andere als unbedeutend.

Die Tatsache, dass die Emotionalität der Frau beim Mann eine gewisse Befremdlichkeit auslöst, ruft beim weiblichen Geschlecht ebenfalls Befremdlichkeit hervor. Die männliche, sachliche Denkweise ist ihr völlig fremd, und Gefühlsausbrüche, positive wie negative, gehören für eine Frau zum Leben einfach dazu. Aus diesem Grund käme sie weder jemals auf die Idee, diese Tatsache zu hinterfragen, noch würde sie je etwas unternehmen, um diesen Tatbestand zu verändern. Dem Mann bleibt damit nichts anderes übrig, als sich damit zu arrangieren und zu versuchen, möglichst glimpflich aus den jeweiligen Gefahrensituationen hervorzugehen.

Das Fatale daran ist: Solche Situationen enden

nur selten tatsächlich glimpflich, denn egal, was der Mann tut, meist ist es falsch. Deshalb die Behauptung aufzustellen, Frauen regten sich nun mal den lieben langen Tag über alles und jeden auf und kompensierten obendrein ihre eigene Unzufriedenheit über den Mann, würde dem weiblichen Naturell nicht gerecht. Vielmehr ist es so, dass der Mann sich durch seine stoische, teilnahmslos wirkende Art selbst zum Blitzableiter für ihren Unmut ernennt. Im Sinne der Deeskalation wäre es daher vernünftiger, immerhin ein Mindestmaß an Interesse und Mitgefühl zu demonstrieren und ihr so das Gefühl zu geben, dass sie verstanden wird. Alles andere ist Harakiri.

Wenn jedoch selbst die sanftmütigste, stets bestens gelaunte Frau unverhofft von einer Sekunde auf die andere zur unausstehlichen Zicke mutiert, hat dies meist einen ganz bestimmten Grund: PMS – ausgeschrieben: prämenstruelles Syndrom. Den meisten Männern wird allein bei dem Wort ganz schlecht, und sie wollen lieber gar nicht wissen, was genau dahintersteckt. Das müssen sie auch gar nicht, es reicht völlig, wenn sie sich merken, dass mit so gut wie jeder Frau an den berühmt-berüchtigten »Tagen vor den Tagen« nicht gut Kirschen essen ist. Statt eine Bemerkung darüber zu machen, die vom weiblichen Geschlecht zumeist als »unqualifiziert« verbucht wird, ist es sinnvoller, wenn der Mann sich verbal zurückhält. Wenn er ihr etwas Gutes tun will, sollte er ihr Schokolade oder Gummibärchen anbieten, um ihre Gelüste nach etwas Süßem zu stillen, oder mit ihr gemeinsam Sport machen, damit sie sich ein wenig entspannt. Ansonsten gilt: Ruhe bewahren und abwarten. Nach einem Tag ist der Spuk meist wieder vorbei. Der ideale Partner gibt einer Frau das Gefühl, dass sie so sein kann, wie sie wirklich ist – auch mit PMS und schlechter Laune.

Sollten Frauen in dieser schwierigen Phase vermehrt Dinge kaufen, die sie nicht brauchen, hat das übrigens nicht zwingend etwas mit Kauf- oder Verschwendungssucht zu tun. Vielmehr läuft da in ihrem Körper eine biochemische Reaktion ab, die sie nicht bewusst steuern können. Es herrscht dann nämlich ein gefährliches Ungleichgewicht von Neurotransmittern, was im schlimmsten Fall Stimmungsschwankungen von ungekanntem Ausmaß zur Folge haben kann. Und wenn sich diese durch den Kauf von Kleidung, der das Portemonnaie mit vielleicht drei-, vierhundert Euro belastet, vermeiden lassen, so ist das Geld besser angelegt als im renditestärksten Aktienfonds aller Zeiten.

Ticktack, ticktack

Die biologische Uhr ist bekanntlich gnadenlos. Sie tickt unaufhörlich vor sich hin und lässt sich durch nichts aufhalten. Weder durch Schönheitsoperationen oder getürkte Berechnungen des angeblich wahren Lebensalters noch durch Hormonbehandlungen oder die Heirat mit einem jüngeren Mann. Irgendwann im Leben einer Frau, meist um die vierzig, ist es nun mal so weit und es heißt: Der Zug ist abgefahren. Es ist zu spät für eine Schwangerschaft, eigene Kinder sind definitiv passé.

Für die meisten Frauen, die einen Kinderwunsch verspüren, ist erst mit der Geburt eines kleinen Sohnes oder einer kleinen Tochter ihr privates Glück perfekt. Allein der Gedanke, diese ihr von der Evolution oder wem auch immer auferlegte Aufgabe womöglich nicht erfüllen zu können, löst eine unbeschreibliche Panik in der Frau aus. Deshalb wird sie quasi mit Erreichen der Volljährigkeit jeden Mann, mit dem sie eine länger als dreieinhalb Wochen andauernde Beziehung eingeht, auf Herz und Nieren prüfen.

Bei dieser strengen Musterung geht es einzig und allein darum, nicht unnötig Zeit zu verlieren und möglichst rasch festzustellen, ob er alle oder zumindest einen Großteil der Kriterien erfüllt, die ihn als potenziellen Kindsvater auszeichnen. Dazu gehören ausreichendes Verantwortungsbewusstsein, ein wenn auch vage geäußerter Bindungswille, eine gewisse Solvenz, seine Karriereaussichten und eine zumindest im Ansatz erkennbare Kinderliebe. Je jünger die Frau, desto unbewusster geht dieser Prozess vonstatten, je näher dagegen der runde Geburtstag mit der drei und der Null kommt, desto bewusster und überlegter läuft er ab.

Früher war das alles kein Problem: Um dem gestrengen Elternhaus zu entfliehen, machte sich eine junge Frau nach Abschluss ihrer Lehre als Bankkauffrau oder Sekretärin oder Friseurin auf die Suche nach einem Mann. Der zeigte ihr zunächst die große weite Welt, auch wenn er sie nur zum Tanzen in die nächste Kreisstadt entführte, um sie dann zu heiraten und eine Familie mit ihr zu gründen. Das Durchschnittsalter der Bräute lag damals bei knapp zwanzig Jahren – sie waren also im besten Fruchtbarkeitsalter. Auf Nachwuchs mussten die Frischvermählten oft nicht lange warten, und so ging alles seinen vorherbestimmten Gang.

Heute dagegen sind junge Frauen viel unabhängiger und brauchen keinen Mann mehr, der sie aus ihrem Elternhaus errettet. Sie ziehen selbst aus, wenn sie volljährig sind, meist sogar, um in einer anderen Stadt zu studieren. Bis sie in ihrem ersten Job Fuß gefasst und so etwas Ähnliches wie Berufserfahrung gesammelt haben, sind sie mindestens dreißig Jahre alt. Und bisher ist, was die Familienplanung angeht, nicht nur nichts seinen vorherbestimmten Gang gegangen, sondern es ist noch nicht mal ein passender potenzieller Kindsvater in Sicht.

Ein Mann kann sich keine Vorstellung davon machen, unter welchem Druck Frauen ab Mitte dreißig stehen, die ihre Suche nach dem bestmöglichen Vater für ihre noch ungeborenen Kinder nicht abgeschlossen haben. Wenn eine Frau auf die vierzig zugeht, widmet sie sich plötzlich sogar dem jahrelang gemiedenen Feld der Wahrscheinlichkeitsrechnung und kommt oft zu einem ebenso erstaunlichen wie abstrusen Ergebnis.

»Also, ich bin jetzt noch drei Monate lang siebenunddreißig«, rechnet sie ihrer besten Freundin am Telefon vor. »Wenn ich erst Anfang nächsten Jahres einen Mann kennenlerne, habe ich genau ein Jahr

Zeit, um ihn mir anzusehen und mit ihm zusammenzuziehen, wenn ich noch vor vierzig schwanger werden will.«

»Puh, das wird aber ganz schön knapp«, wird die Freundin vermutlich erwidern.

»Allerdings. Und vor allem: Was mache ich, wenn sich dann herausstellt, dass er eine Null ist?«

Die Freundin seufzt voller Mitgefühl und sagt nach kurzem Zögern: »Dann ist der Zug vermutlich abgefahren.«

Und damit wäre die größte anzunehmende Naturkatastrophe eingetreten.

»Heirate mich!«

Zwar ist es heutzutage nicht mehr so, dass ein Paar unbedingt verheiratet sein muss, ehe es sich der Nachwuchsplanung widmen kann, dennoch wollen die meisten Frauen erst den Bund fürs Leben eingehen und dann Kinder bekommen.

Voraussetzung dafür ist ein Mann, der ihnen einen entsprechenden Antrag macht. Die Erfolge der Emanzipation in allen Ehren, an dieser manch einem männlichen Wesen altertümlich und überholt erscheinenden Tradition ist sie spurlos vorübergegangen. Das mag nun ein jeder bewerten, wie er will, Fakt ist, dass der gemachte oder eben nicht gemachte Heiratsantrag eines Mannes den Blutzuckerspiegel und damit automatisch auch das Wohlbefinden einer Frau erheblich beeinträchtigen kann. Dann nämlich, wenn sie völlig frustriert ist, weil sie nun schon seit Jahren und trotz unzähliger versteckter und mindestens so vieler – wenn nicht mehr – offener Andeutungen noch immer nicht den Diamantring im Martiniglas oder die Rosenblätter samt dem in Reimform formulierten Antrag auf dem Bett vorgefunden hat.

Natürlich ist der Frau bekannt, dass ein Mann sich erst zur Ehe bereit fühlen muss, dass er erst sichergehen muss, seine künftige Familie auch ernähren zu können, kurz, dass er erst die nötige Bereitschaft haben muss, sich für immer und mit allen Konsequenzen zu binden. Dass dieser Prozess bis zur endgültigen Entscheidung nicht wie bei manchem Fußballstar oder dem einen oder anderen Hollywoodschauspieler innerhalb von wenigen Wochen vonstattengehen kann, ist ihr ebenfalls klar. Nicht wissen will sie übrigens, ob er sich ganz sicher ist, dass er nicht doch noch was Besseres findet, und wie er zu diesem Entschluss gelangt ist.

Bis auf den letzten sind ihr also alle relevanten Aspekte bewusst, und sie versucht diese auch zu verstehen und zu respektieren. Sie versucht es sogar wirklich. Aber: Ihre Ungeduld macht ihr einen Strich durch die Rechnung.

Ein jeder Mann kann versichert sein, dass jeder einzelnen Nachfrage, wann er denn endlich so weit sei, mindestens einhundert Situationen vorausgehen, in der sich seine Partnerin die Zunge halb abgebissen oder die Fingernägel so tief in die Handflächen gebohrt hat, dass die Schmerzen kaum auszuhalten waren. Und das alles nur, damit sie die Klappe hält und ihn bloß nicht unter Druck setzt. Ja, Frauen sind sehr rücksichtsvoll, auch wenn es nicht immer danach aussieht.

Trotz aller ernst gemeinten Bemühungen vonseiten der Frau kann es im Affekt durchaus passieren, dass sie zum Stilmittel der Erpressung greift, etwa indem sie am ersten Januar beim gemeinsamen Frühstück zu ihrem Partner sagt: »Wenn du mich dieses Jahr wieder nicht heiratest, ist es aus.« Dieses typisch weibliche Verhalten erfüllt jedoch keinesfalls den Tatbestand der sogenannten räuberischen Erpressung. Vielmehr handelt es sich um einen verklausulierten Hilfeschrei, sozusagen um ein Anzeichen höchster Verzweiflung und damit letztendlich auch um eine Liebeserklärung, auch wenn das jetzt sehr weit hergeholt zu sein scheint.

Der Wunsch, geheiratet zu werden, ist in so gut wie jeder Frau genetisch vorprogrammiert – und sollte daher nach Möglichkeit erfüllt werden.

Kleine Geschenke erhalten die Liebe

Frauen wissen sehr wohl, dass Männer keine Gedanken lesen können. Schon gar nicht die eines weiblichen Wesens. Gleichwohl geben sie die Hoffnung nicht auf, der Mann könne zumindest erahnen, was in ihnen vorgeht, da sie der Meinung sind, er müsse doch spüren, was sie denken.

Besonders prekär ist dieses Ungleichgewicht, wenn es um die Äußerung von Wünschen und Bedürfnissen geht, die bei Männern und Frauen bekanntlich sehr unterschiedlich erfolgt, nämlich direkt und unverblümt bei Männern und eher angedeutet und damit indirekt bei Frauen. Dass hierin ein gewisses Konfliktpotenzial steckt, ist nicht weiter verwunderlich.

Grundsätzlich gilt: Eine Frau kann an netten Gesten, Komplimenten, Liebesbekundungen per Brief, SMS, E-Mails oder Post-its am Kühlschrank sowie an Blumen und anderen kleinen Geschenken zwischendurch nicht genug bekommen. Weniger ist hier definitiv *nicht* mehr. Abnutzungserscheinungen sind von vornherein ausgeschlossen und dürfen daher auch nicht als Grund für ausbleibende Nettigkeiten angeführt werden. Die Größe des Geschenkes spielt dagegen eine untergeordnete Rolle, wenngleich sie nicht völlig außer Acht gelassen werden darf, denn in erster Linie zählt der Gedanke.

Wenn eine Frau, die beispielsweise erst vor Kurzem von München nach Berlin gezogen ist, beim Sonntagsfrühstück in einem Halbsatz eine Bemerkung darüber macht, wie sehr sie die bayerischen Brezn vermisst, dann sollte der Mann an ihrer Seite aufhorchen. Wenn er ihr nämlich am darauf folgenden Wochenende statt der üblichen Schrippen eine Laugenbrezel auftischt, hat er bei ihr von nun an garantiert einen Stein im Brett. Dabei war der Einsatz für ihn, abgesehen von der Zeit vielleicht, mit vermutlich fünfzig Cent denkbar gering, der erzielte Erfolg hingegen ist unbezahlbar. Es ist eben die Geste, die zählt.

Eine jede Frau fühlt sich geliebt, geborgen und damit auch verstanden, wenn sie merkt, dass ihr Partner regelmäßig an sie denkt. Nein, es reicht nicht, dass der Mann gelegentlich, wenn es sein muss sogar mehrmals täglich, mündlich beteuert, er habe so gut wie nichts anderes als seine Angebetete im Kopf. Eine

Frau braucht Beweise. Schriftliche. Sogenannte Liebesbeweise.

Wer das einmal verstanden hat und nur ab und zu daran denkt, seine Zuneigung gegenüber seiner Partnerin auch schriftlich zu äußern, wird ein Leben lang Freude an ihr haben. Frauen schmelzen angesichts solcher Zuneigungsbekundungen förmlich dahin, und der Mann kann sich dadurch einen gewissen Bonus erwirtschaften, von dem er dann in Krisensituationen profitiert.

Neben schriftlichen Liebesbeweisen gibt es noch eine ganze Reihe anderer Möglichkeiten, mit er ein Mann einer Frau versichern kann, dass sie sich seiner Zuneigung sicher sein kann. Ganz oben auf der Liste steht selbstverständlich das berühmte »Ich liebe dich«, ohne das es bei keiner Frau auf Dauer geht. Dieser Satz, so abgeschmackt und überflüssig er dem einen oder anderen vorkommen mag, wird weder im Laufe der Jahre noch durch häufige Wiederholung seine Wirksamkeit einbüßen. Im richtigen Moment gesagt, wird er jede Frau glücklich machen.

Aber natürlich gibt es auch noch einiges darunter, was die Frau in ihrer genügsamen Art als Liebesbekundung akzeptiert. Da wären zum einen Zärtlichkeiten. Wohlgemerkt solche, hinter denen nicht die Absicht steckt (zumindest nicht allzu offensichtlich), dass sie nur einen Zweck erfüllen sollen – nämlich sie zum Sex zu überreden. Vielmehr sind hier jene Momente gemeint, in denen der Mann fast gedankenverloren den Körper der Frau berührt, ganz beiläufig am besten, denn darin liegt eine Vertrautheit, die jeder Frau schmeichelt. Etwa wenn beide gemeinsam vor dem Fernseher sitzen und er ihr während der gesamten neunzig Minuten, die der *Tatort* dauert, über den Arm streichelt oder mit einer ihrer Haarsträhnen spielt. Im Idealfall schaltet er danach den Fernseher aus, um sie mit einer Kopf- oder Nackenmassage zu verwöhnen, weil er weiß, dass sie eine anstrengende Woche hinter sich hat.

Ähnlich viele Pluspunkte lassen sich sammeln, wenn er sich darauf einlässt, einen Abend gemeinsam mit ihr und ihren fünf besten Freundinnen zu verbringen. Wenn er mit der fröhlichen Frauenrunde dann noch zum Mexikaner geht, obwohl er eine Allergie gegen Enchiladas hat, ist ihm der Sieg auf ganzer Linie sicher. Es gibt nur wenig schönere Momente im Leben einer Frau, als jenen, wenn die beste Freundin ihr am nächsten Tag am Telefon versichert: »Dein Mann ist einfach toll. So charmant, so gut aussehend – und dass er sich das mit uns Weibern angetan hat. Du bist echt zu beneiden, mit dem hast du wirklich das große Los gezogen.«

Das Kompliment

Laut Lexikon ist ein Kompliment »eine lobende, schmeichelhafte Äußerung, die jemand an eine andere Person richtet, um ihr etwas Angenehmes zu sagen«. Im Grunde ist ein Kompliment ein Geschenk, das derjenige, der es ausspricht, aus freien Stücken macht. Deshalb sollte der- oder vielmehr diejenige, die es bekommt, das Kompliment auch nicht zurückweisen, abschwächen oder die Annahme komplett verweigern, sondern sich einfach nur artig dafür bedanken. Am besten mit einem Lächeln. Dann sind alle Beteiligten glücklich und zufrieden, und wenn sie nicht gestorben sind, dann freuen sie sich noch heute darüber.

So ginge das Ganze jedenfalls im Märchen aus. Im echten Leben verläuft die Geschichte ein klein wenig anders – und ungleich schwieriger.

Die meisten Frauen tun sich nämlich wahnsinnig schwer damit, ein Kompliment einfach dankend anzunehmen. Dabei steht es außer Frage, dass eine jede Frau sich über Sätze wie »Hübsch siehst du heute aus« oder »Das Kleid steht dir aber gut« oder »Das hast du super gemacht« ein Loch in den Bauch freut. Es ist ebenso keine Frage, dass sie sich lautstark beschwert, sollte der Mann keinen einzigen dieser

Sätze je zu ihr sagen. Obwohl sie sich also darüber freuen, sind viele Frauen nicht in der Lage, diese Freude auch zu zeigen. Sehr zur Enttäuschung des Mannes, dem ein schlichtes »Danke« genügt hätte. Ab diesem Moment wird die Angelegenheit nämlich kompliziert. Weil der Mann enttäuscht oder gar verärgert ist, da seine spontane Gefühlsäußerung (als solche betrachtet er das gemachte Kompliment nämlich) nicht ausreichend gewürdigt und wertgeschätzt wird. Und gleichzeitig weil die Frau beschämt und verlegen ist, da sie die Ansicht vertritt, die warmen Worte entweder nicht verdient zu haben, oder mutmaßt, das Gesagte sei gar nicht ehrlich gemeint und solle ihr nur schmeicheln.

Das klingt ganz schön vertrackt – und ist es auch.

Natürlich ist davon auszugehen, dass ein Mann, der einer Frau ein Kompliment macht, dieses auch ehrlich meint. Aber natürlich ist eine nette Bemerkung auch eine gute Möglichkeit, um überhaupt ins Gespräch zu kommen oder eventuellen Hintergedanken, die meist sexueller Natur sind, den Weg zu bereiten. Aus der Sicht des Mannes mindert das den Wert des gemachten Komplimentes keineswegs, aus dem Blickwinkel der Frau dagegen ist das kurzfristig entstandene Hochgefühl sofort wieder perdu und Misstrauen macht sich breit.

Die Frage, warum das so ist, läuft automatisch auf einen längeren Diskurs über das weibliche Selbstbewusstsein im Allgemeinen und den weiblichen Stolz im Besonderen hinaus und würde an dieser Stelle zu weit führen.

Je attraktiver, begehrenswerter und geliebter eine Frau sich fühlt, desto angenehmer ist es, mit ihr zusammen zu sein.

Der Mann sollte dieses typisch weibliche Verhalten keinesfalls persönlich nehmen und sich dadurch die Lust auf weitere solche netten Äußerungen verderben lassen. Vielmehr sollte er davon ausgehen, dass die Frau sich sogar riesig darüber gefreut hat. Man sieht es ihr nur leider nicht an. Komplimente sind Balsam für die Seele. Auch für die einer Frau. Die Abwehrhaltung ist lediglich ein pawlowscher Reflex, welcher der Frau über Jahre, oft sogar Jahrzehnte hinweg antrainiert wurde. Das bedeutet, er muss ihr nun abtrainiert werden, vermutlich ebenfalls über einen langen Zeitraum hinweg. Das ist wie mit dem Rauchen und erfordert, wie so oft im Umgang mit dem weiblichen Geschlecht, vor allem eines: Geduld.

Denn die Frau muss erst wieder *peu à peu* lernen, dass es Eigenschaften, Verhaltensweisen und sonstige Merkmale an ihr gibt, die einem anderen Menschen gefallen. Sie dürfen dem anderen sogar dann gefallen, wenn die Frau selbst nicht der Meinung ist, dass diese Dinge in irgendeiner Form erwähnens- oder gar bewundernswert sein könnten. Er hat sogar das Recht dazu. Das Ziel sollte daher sein, dass die Frau zunächst die von ihrer persönlichen Einschätzung abweichende Perspektive des anderen zu akzeptieren lernt und daraus dann die Fähigkeit entwickelt, es einfach anzunehmen und als schön zu empfinden, wenn er seinen Ansichten auch Ausdruck verleiht.

Letztlich ist das nicht anders als bei einem kleinen Kind, das gerade laufen lernt oder dem man das Fahrradfahren beibringt, oder als bei einem Hund, der das Apportieren lernen soll. Je öfter man es übt und je mehr man die gewünschte Reaktion durch Lob oder eine Belohnung positiv verstärkt, desto leichter und öfter ist sie abrufbar. Und irgendwann in ferner Zukunft ist sie sogar ganz selbstverständlich.

Und dann fühlt man sich wie im Märchen.

Gefahrenzonen

Im Zusammenleben von Mann und Frau gibt es Momente, die sollte man besser vermeiden, etwa der gemeinsame Besuch eines Hochseilgartens, wenn nur einer von beiden schwindelfrei ist, das Entfernen der zentimeterdicken Hornhautschicht von den Fersen, solange der andere noch im Bad ist, oder eine ausgedehnte Shoppingtour zu zweit, während im Fernsehen das WM-Finale live übertragen wird.

Gleiches gilt für gewisse, grundsätzlich und ausschließlich von der Frau gestellte Fragen, bei denen jedem Mann sofort vor Schreck der Atem stockt und die daher aus seiner Sicht am besten für immer unbeantwortet bleiben sollten. Leider handelt es sich dabei ausgerechnet um jene Fragen, deren ehrliche Beantwortung für so gut wie jede Frau mindestens so wichtig ist wie die Luft zum Atmen. Dazu gehören unter anderem: »Steht mir das?«, »Findest du die neue Nachbarin hübscher als mich?«, »Glaubst du, das Kleid ist zu eng?«, »Sehe ich eigentlich alt aus?«, »Was denkst du gerade?«, »Findest du mich zu dick?«, »Liebst du mich noch?«, »Deine Ex war doch eine totale Zicke, oder?«, »War mein Po nicht mal straffer?«, »Was würdest du tun, wenn ich sterbe?«, »Soll ich mir langsam mal die Haare färben oder sieht man die paar grauen gar nicht?«, »Koche ich eigentlich besser als deine Mutter?«, »Hat dir mein Essen etwa nicht geschmeckt?«, »Was erzählst du deiner Sekretärin von mir?«, »Findest du mich eigentlich klug?«.

Dass Frauen sich mit derlei Fragen auf dem allerbesten Weg zum Eigentor befinden, ist ihnen einerseits durchaus klar. Schließlich wissen sie, dass die Männer ihre Gedanken am liebsten für sich behalten. Zum einen, weil sie ihr Innerstes grundsätzlich nicht gerne offenbaren, was die Frau automatisch zu neuen Selbstzweifeln à la »Wenn er mir vertrauen würde, dann würde es ihm sicher nicht schwerfallen, sich mir zu offenbaren« und unnötigen Spekulationen über die Treue ihres Partners verleitet. Zum anderen, weil Männer all den banalen Mist, der ihnen so den ganzen Tag und damit leider auch in romantischen Situationen durch den Kopf geht, beim besten Willen nicht für erwähnenswert halten. Was bei der Frau ebenfalls automatisch zu Selbstzweifeln und Spekulationen über die Treue des Mannes an ihrer

Seite führt, da sie dies, vor allem in romantischen Situationen, beim besten Willen nicht nachvollziehen können.

Die Quadratur des Kreises ergibt sich daraus, dass sich die Frau durch eine (möglichst nicht allzu) ehrliche Antwort ihres Partners eine Aufpolierung eben jenes angeschlagenen Selbstwertgefühls erhofft, das durch eine verweigerte Antwort nur noch mehr angekratzt wird.

Es ist nun mal eine unwiderrufliche und durch nichts aus der Welt zu schaffende Tatsache, dass Frauen grundsätzlich mit ihrem Körper, oder zumindest mit einem Teil davon und seien es nur ihre Hände oder Füße, unzufrieden sind. Irgendwie hat Eva wohl nicht laut genug »Hier!« geschrien, als Gott im Paradies das Selbstbewusstsein über ihr und Adam ausgeschüttet hat. Eine wirklich selbstbewusste Frau, die rundherum mit sich und der Welt zufrieden ist – auch wenn sie vermutlich überhaupt nicht existiert –, käme jedenfalls nie auf die bescheuerte Idee, ihr Wohlbefinden von der Antwort eines Schlipsträgers abhängig zu machen. Und eine kluge erst recht nicht.

Natürlich könnte sie auch ihre beste Freundin fragen und sich mit ihr gleich zum Sport, Lifting, Kochkurs oder was auch immer verabreden, um Abhilfe zu schaffen. Aber das wäre etwas anderes. Etwas ganz anderes. Frauen sind auch in diesem Fall (ehrlich gesagt in den meisten Fällen) gar nicht an einer Lösung des Problems interessiert. Sie sind überhaupt nicht daran interessiert, dass einer der in den Fragen thematisierten Punkte sich jemals zu einem Problem entwickeln könnte. Alles, was sie wollen, ist Aufmerksamkeit und Bestätigung. Mehr nicht.

Im Grunde ist das ganz einfach, und hat der Mann das erst einmal erkannt, müsste er durchaus in der Lage sein, seine Antwort so zu gestalten, dass beide erhobenen Hauptes aus der Situation wieder herauskommen. Immerhin ist er im Beruf auch in der Lage, heikle Vertragsverhandlungen, schwierige Jahresgespräche mit Mitarbeitern oder Reklamationen von verärgerten Kunden souverän, gelassen und zielorientiert zu absolvieren. Allerdings scheint die Transferleistung vom Berufs- zum Privatleben schwieriger, als sie auf den ersten Blick aussehen mag.

Warum sonst würde der Mann dieser Herausforderung, im Vergleich zu der die Besteigung des Mount Everest – ohne Sauerstoff, versteht sich – wie ein harmloser Spaziergang wirkt, so hilflos gegenüberstehen? Natürlich ist allen Beteiligten von vornherein und ohne jeden Zweifel klar, dass die falsche Antwort, also die unverblümte, schonungslose, reine Wahrheit, fatale Folgen für den weiteren Verlauf des Abends und womöglich sogar der Beziehung als solcher haben könnte. Aber das ist im Job oft nicht weniger heikel, und da klappt es schließlich auch.

Wie auch immer, die weit verbreitete Taktik des Ignorierens oder Aussitzens, in der Hoffnung, die Sache möge sich irgendwann von selbst erledigen, empfiehlt sich jedenfalls nur in den seltensten Fällen bis gar nicht. Das weibliche Gehirn mag zwar ein paar Gramm leichter sein als das männliche, aber das sagt noch lange nichts über die Kapazität aus. Diese ist nämlich, vor allem was das Langzeitgedächtnis betrifft, in etwa so ausgeprägt wie das eines ausgewachsenen indischen Elefanten. Gleichwohl versuchen es Männer immer wieder, sich ihr deutlich besser ausgeprägtes Sitzfleisch und ihre Ausdauer zunutze zu machen – und handeln sich nicht wenig Ärger damit ein. Denn eine Frau wird es ganz sicher niemals vergessen oder kommentarlos hinnehmen, wenn sie auf eine dieser Fragen keine Antwort bekommt.

Bleibt also nur, darauf zu antworten. Bloß wie?

Ausweichende Antworten sind selbstredend genauso ungeschickt wie allzu leicht zu durchschauende, weil zu offensichtliche Lügen oder der Versuch, sich durch ein Ablenkungsmanöver aus der Situation herauszulavieren, sei es durch einen Gang zur Toilette, die Einnahme von Medikamenten oder die Behauptung, man habe am Auto das Licht brennen lassen und müsse mal kurz vor die Tür. Der einzig gangbare Weg ist und bleibt die Antwort, die so ehrlich wie nur möglich und so unehrlich wie nötig ausfallen sollte. Dabei ist selbstverständlich nicht nur auf den Inhalt des Gesagten, sondern auch auf die Tonlage, die nötige Entschlossenheit, einen entsprechend empörten Unterton sowie den nötigen Nachdruck zu achten. Ein Zögern oder genaueres Nachfragen à la »Wie meinst du das genau?« oder »Macht das einen Unterschied?« oder »Würdest du dich besser fühlen, wenn ich Ja sage« sind absolut tabu. Nur so kann die nötige Glaubwürdigkeit gewährleistet werden, die eine Frau von weiteren (voraussichtlich noch unangenehmeren) Nachfragen abhält.

Damit besteht immerhin in der Theorie die Möglichkeit, dass beide Partner ohne größere Blessuren aus diesen Gefahrenzonen hervorgehen. Wenn das tatsächlich der Fall ist, dann haben sich Mann und Frau fast so was wie verstanden. Mehr geht nun wirklich nicht.

Übrigens, die Antwort auf die Frage, was genau

die Frauen von den Männern wollen, ist ganz simpel und lautet: einfach nur geliebt und angenommen werden.

Männer verstehen in 60 Minuten

Inhalt

Intro

Würde man die Zeit zusammenrechnen, die Frauen auf der ganzen Welt mit ihren besten Freundinnen am Telefon verbringen, um das Verhalten von Männern zu analysieren und zu enträtseln – das Ergebnis wäre erschreckend.

Mal abgesehen von dem Geld für die Telefonrechnungen, von dem sich eine ganze Nation bei Armani und Co. neu einkleiden könnte, verstreichen da Abermillionen an Stunden. An wertvollen Stunden, in denen die Frauen die Welt retten, ihr Make-up erneuern, sich um eine ordentliche Rentenversicherung kümmern, das Einparken erlernen, sich zur ersten Präsidentin von Amerika wählen lassen, sämtliche 138 existierenden Rezepte für Apfelkuchen ausprobieren oder endlich ernsthaft versuchen könnten, die Männer besser zu verstehen. Stattdessen verwenden sie die Zeit darauf, zu diskutieren, warum ER nicht anruft, wieso ER selbst auf die 27. SMS nicht antwortet, weshalb ER beim Thema Heiraten und Kinder immer gleich grün im Gesicht wird und vom Thema ablenkt, wie ER dieses und jenes schon wieder gemeint hat, warum IHM Fußball wichtiger ist als die Beziehung, wieso IHN das benutzte Geschirr auf der Küchenablage nicht stört und – vor allem – weshalb ER um Himmels willen NICHT REDEN WILL.

Tja, da heißt es immer, Männer seien simpel, und dennoch ist offenbar nichts schwerer für eine Frau, als zu verstehen, was in einem Mann vorgeht.

Warum ist das so?

Ganze Heerscharen von Experten, seien es Linguisten, Psychologen, Kommunikationswissenschaftler, Analytiker, Journalisten und ehemalige Taxifahrer, haben sich mit dieser Frage schon beschäftigt und Bibliotheken voll Bücher über den sogenannten Geschlechterkampf geschrieben.

Dabei ist die Antwort so einfach: Männer sind anders. Frauen auch. So lautet nicht nur der Titel eines der erfolgreichsten Beziehungsratgeber aller Zeiten, sondern auch eine Tatsache, die inzwischen jedem Mann und jeder Frau bekannt ist. Dennoch gerät diese ebenso einfache wie einleuchtende Tatsache allzu oft in Vergessenheit, wenn es mal wieder nicht klappt mit der Kommunikation zwischen Männlein und Weiblein. Männer denken und handeln nun mal anders als Frauen. Solange Frauen jedoch nicht davon abzubringen sind, das Verhalten von Männern aus ihrem Blickwinkel und mit ihrer Herangehensweise zu betrachten, werden sie das andere Geschlecht niemals verstehen.

Selbstverständlich ist jeder Mensch und damit auch jeder Mann einzigartig, und man darf sie nicht alle über einen Kamm scheren, auch wenn die Behauptung »Männer sind Schweine« es inzwischen sogar als Songtitel in die Hitparade geschafft hat. Dennoch gibt es eine ganze Reihe von Eigenschaften und Eigenheiten, die auf die meisten Männer zutreffen und die leichter zu handhaben sind, als so manche Frau denkt – wenn sie nur weiß, wie.

In einem Punkt sind sich die beiden Geschlechter jedoch absolut einig: Das Thema ist und bleibt ein Dauerbrenner, und es wird auch in hundert Jahren noch genügend Konflikt- und damit Zündstoff zwischen Mann und Frau geben.

Alles eine Typfrage

»Kennst du einen, kennst du alle!« Diesen Satz hat sicher schon so manche enttäuschte Frau mit Tränen in den Augen ausgesprochen, wenn wieder mal eine Beziehung mit einem typischen »Schuft« unschön zu Ende gegangen ist. Doch dem ist nicht so: Die Spezies Mann zeichnet sich durch eine erstaunliche Artenvielfalt aus, die bei genauerer Betrachtung so manche Überraschung bereithält. Hier nun ein kurzer Überblick über die gängigsten Typen und ihre hervorstechenden Eigenschaften, was keinesfalls heißen soll, dass es nicht noch unzählige weitere gibt, etwa Überväter, Muttersöhnchen, Kavaliere, Ehrgeizlinge, Stadtneurotiker, Proleten, Landeier, Karrieristen, Familienväter, Gurus, väterliche Freunde, Neurotiker, Choleriker, Kontrolleure, Intellektuelle, Versager, Haustyrannen, Kämpfer, Verklemmte, Professoren, Sexbesessene, Latin Lover, Angsthasen, Bindungsunwillige, Entertainer, Eifersüchtige, Schwätzer, Hobbyhandwerker, Alleskönner, Scharlatane,

Heiratsschwindler, Suchtgefährdete, Herdentriebgesteuerte, Fernsehsportler, Vereinsmeier, Stammtischbrüder, Unterwürfige, Unterdrücker, Bestimmer, Sauberkeitsfanatiker …

Der Geck

Dem Geck ist zweierlei wichtig. Zum einen nutzt er bei jeder sich bietenden Gelegenheit die Gunst der Stunde zur Selbstdarstellung und schreckt auch nicht davor zurück, auf Kosten anderer gut dazustehen. Das bedeutet unter Umständen schon mal, dass er in geselliger Runde Anekdoten oder Kalauer zum Besten gibt, die seine Partnerin nicht gerade im günstigsten Licht erscheinen lassen. Keine Rücksicht auf Verluste, lautet daher seine Devise.

Zum anderen zeichnet sich der Geck durch seine extreme Fixierung auf Äußerlichkeiten aus, weshalb ihm ein gepflegtes Äußeres inklusive hochwertiger Kleidung ungemein wichtig ist.

Dies spiegelt sich auch bei der Partnerwahl des Gecks wider, da ihm Figur, Frisur und optischer Ersteindruck bei einer Frau grundsätzlich wichtiger sind als eventuell vorhandene innere Werte. Gerne zeigt der Geck seine Partnerin her und ist auch selbst stolz auf seine äußere Erscheinung. Er gibt insgesamt mehr Geld für Pflegeprodukte, Friseurtermine und Kleidung aus als für sein Auto (das ihm dennoch ebenfalls einiges wert ist) und sieht stets aus wie aus dem Ei gepellt.

Im Umgang mit diesem Typus Mann ist vor allem zu beachten, dass er viel, viel Aufmerksamkeit und Zuwendung braucht. Wer einem Geck das Gefühl gibt, anerkannt, geliebt und im Mittelpunkt zu sein, der wird ein leichtes Spiel mit ihm haben. Nur streitig machen darf man ihm seine Sonderstellung nicht, dann wird's schwierig und häufig auch unangenehm.

Der Macho

Der patriarchalisch geprägte Macho gilt als der männlichste unter allen Männern. Er besitzt noch ein sehr klar definiertes Bild von männlicher und weiblicher Geschlechterrolle, das sich in für ihn typischen Sätzen wie »Frauen gehören an den Herd« oder »Der Mann verdient das Geld, also sagt er auch, wo es langgeht« äußert. Obwohl der insgesamt konservativ denkende Macho heutzutage meist negative Assoziationen weckt, ist er dennoch unverändert beliebt und weckt in der Frau einen Instinkt, der sie unweigerlich zu ihm hintreibt. War früher der klassische Macho im Idealfall ein Südländer, der dank seines unübersehbaren Imponier- und Flirtgehabes sowie seiner offenkundigen Eitelkeit schon zehn Kilometer gegen den Wind unzweifelhaft zu identifizieren war, so weiß er sich heutzutage oft geschickt zu tarnen und entpuppt sein wahres Ich erst nach genauerer Inaugenscheinnahme.

Grundsätzlich hat der typische Macho eine mittel- bis extrem schwere Allergie gegen Dienstleistungen aller Art, worunter unter anderem Gefälligkeiten, Hausarbeiten und alle Dinge fallen, die auch eine Frau erledigen kann. Dafür versteht er es, seine Partnerin im rechten Licht zu präsentieren und ihr in Gesellschaft das Gefühl zu geben, sie sei etwas ganz Besonderes. Kein Wunder, schließlich hat ER sie ausgewählt. Intelligenzquotient, Eloquenz und das Vermögen, eigenständig Entscheidungen zu treffen, sind für ihn bei der Partnerwahl eher zweitrangig, vielmehr kommt es auch ihm auf die äußeren Merkmale der Auserwählten an: sexy Figur, süßer Schmollmund, ansehnliche Oberweite und Ähnliches.

Nicht ganz zu Unrecht sagt man ihm eine gewisse Neigung zu prestigeträchtigen Statussymbolen und typisch männlichen Ritualen im Kräftemessen nach. Des Weiteren zeichnet er sich durch eine gewisse Grundverachtung sowie einen extrem überheblichen und herablassenden Umgangston gegenüber Frauen aus, der an Unhöflichkeit kaum zu überbieten ist. Dieses Verhalten resultiert aus seinem festen und unerschütterlichen Glauben an den Überlegenheitsanspruch des männlichen Geschlechts, der ihm quasi per Geburt eingepflanzt wird.

Der Frauenversteher

Der typische Frauenversteher, gerne auch leicht abwertend oder ironisch »Softie« genannt, gilt insgesamt als unmännlich, da er überwiegend denkt und handelt wie eine Frau, also typisch weibliche Eigenschaften besitzt. In der Regel kann er gut zuhören, sich in sein Gegenüber und dessen Denkweise hineinversetzen und verfügt über ein hohes Maß an Empathie. Abgesehen davon sind »Zugeständnis« und »Kompromiss« keine Fremdwörter für ihn, und er muss seine Interessen nicht um jeden Preis durchsetzen. Unter Männern ist der Softie nicht sonderlich angesehen, da er als zu weich und nachgiebig gilt. Das Problem des gemeinen Softies besteht darin, dass er paradoxerweise auch bei Frauen nicht sonderlich beliebt ist und sein Verhalten kaum belohnt wird.

Sosehr sich eine jede Frau wünscht, ihr Mann könne sie verstehen, so wenig will sie an ihrer Seite einen Mann, der als unmännlich gilt. Im Grunde kann es ein Softie einer Frau genauso wenig recht machen wie jeder andere Typus, nur büßt er auch noch seinen Sexappeal ein. Schade eigentlich!

Der Obercoole

Hierbei handelt es sich um einen besonders schwierigen Gesellen, denn der Typ »Obercool« versteht es meisterhaft, seine wahren Gedanken und vor allem Gefühle zu verbergen. Mit nahezu perfektem Pokerface mimt er den Unbeteiligten und beobachtet die anderen, ohne auch nur eine Miene zu verziehen. Wer an ihn rankommen will, der hat sich wirklich Großes, wenn nicht gar Unmögliches vorgenommen.

Der Obercoole würde lieber sterben oder ein Leben lang alleine sein, als auch nur ein Mal einen Fehler einzugestehen oder zuzugeben, dass ihn etwas berührt hat oder ihm ein Erlebnis nahegegangen ist. Er verschanzt sich lieber hinter seiner Fassade, um seinem Gegenüber ja keine Angriffsfläche zu bieten und möglichst souverän zu wirken. Allerdings steckt selten wahre Souveränität, sondern vielmehr große Unsicherheit dahinter, und wer das erst einmal erkannt hat, der hat zumindest eine kleine Chance, den Obercoolen aus der Reserve zu locken.

Das alles heißt natürlich nicht, dass der Obercoole nicht zu Gefühlen fähig ist, doch wird es nur selten vorkommen, dass er sich einem anderen Menschen wirklich öffnet und es zulässt, dass jemand merkt, wie es hinter der Fassade aussieht. Schwierig wird es daher vor allem in emotionalen Situationen, wenn man den Fehler begeht, diese gespielte Gefühlskälte für bare Münze zu nehmen.

Der Witzbold

Der hierzulande verbreitete Witzbold versteckt sich im Grunde seines Herzens ebenso hinter einer Fassade wie der Typ ➛ Obercool. Allerdings braucht man bei ihm in aller Regel eine Weile, bis man sein Tarnmanöver durchschaut. Auf den ersten Blick wirkt der gemeine Witzbold nämlich sehr unterhaltend, offen und zugänglich. Dass sich dahinter allerdings nichts weiter als eine Masche verbirgt, hinter der er seine wahren Gefühle versteckt, bemerkt man erst, wenn man ihn eine Weile beobachtet.

Auch wenn der Witzbold einen gewissen (positiv zu bewertenden) Hang zur Selbstironie hat und es grundsätzlich nicht sein Ziel ist, andere vorzuführen oder sich auf ihre Kosten zu amüsieren, so ist es dennoch leichter, einen Pudding an die Wand zu nageln, als einen Mann dieses Typs zu einer konkreten Aussage zu bewegen.

Wer schon mal versucht hat, mit einem Witzbold über ein ernstes, womöglich ihn direkt betreffendes Thema zu reden oder gar Zukunftspläne zu schmieden, der kommt daher schnell an seine Grenzen. Der Witzbold kann sich bei Bedarf nämlich winden wie ein Aal und versteht es nahezu perfekt, sich aus jeder für ihn unangenehmen Situation zu lavieren, ohne dass sein Gegenüber ihn gleich durchschaut. Und genau das ist das Fatale: Ein Witzbold wird gerne mal unterschätzt – und genau das weiß er sich zunutze zu machen.

Der Weinkenner

Genau genommen ist Weinkenner nur ein Euphemismus für »Angeber«. Jedenfalls ist dieser Typus Mann ganz besonders von sich überzeugt, sein Selbstbewusstsein lässt sich sogar von einem Erdbeben der Stärke 8,7 nicht erschüttern, und die den meisten Männern angeborene Neigung zur grenzenlosen Selbstüberschätzung ist bei ihm besonders stark ausgeprägt. Das äußert sich in aller Regel dergestalt, dass der Weinkenner sein Wissen gerne im Gespräch einfließen lässt und auch nicht damit hinterm

Berg hält, dass andere Menschen ihm und seinem Wissensstand eher nicht gewachsen sind.

Im Gegensatz zum ➛ Macho setzt der Weinkenner nicht auf Statussymbole, sondern verlässt sich auf seinen Intellekt und seine mentale Überlegenheit, weswegen er auf den ersten Blick häufig beeindruckt. Eines ist zumindest unbestreitbar: Der Weinkenner baut in aller Regel auf sein solides Fundament und würde sich niemals auf einem Gebiet aus dem Fenster lehnen, das er nicht tatsächlich beherrscht. Somit kann schon mal ausgeschlossen werden, dass es sich um einen Schaumschläger handelt, der viel behauptet, aber nichts vermag.

Der Hypochonder

Bekanntlich steckt in jedem Mann ein Hypochonder, lediglich über den Grad der Ausprägung lässt sich streiten. Wer schon mal mit einem kranken Mann im selben Raum war, der weiß, was Leiden heißt. Der Hypochonder versäumt es grundsätzlich nicht, in regelmäßigen, häufig sehr kurzen Abständen auf die Unerträglichkeit seiner Schmerzen hinzuweisen. Dabei bedient er sich mit Vorliebe des Stilmittels der Übertreibung, was er selbstverständlich niemals, auch nicht unter Androhung noch größerer Schmerzen, zugeben würde. Dabei wünscht sich der Hypochonder im Grunde seines Herzens nur eines: nein, nicht dass seine Schmerzen nachlassen, sondern Auf-merk-sam-keit.

Wer das verinnerlicht hat, dem wird der Umgang mit einem Hypochonder nicht schwerfallen, denn im Grunde muss man sich nur an eines halten: Wenn man ihm zuhört, ihn gebührend bemitleidet und bedauert, ihm Trost zuspricht – ihn also in den Mittelpunkt des Universums stellt –, bestehen bessere Heilungschancen als mit den besten Medikamenten, welche die Pharmaindustrie zu bieten hat.

Der harte Hund

Was ein echter harter Hund ist, der kennt keinen Schmerz – ganz im Gegensatz zum ➛ Hypochonder. Dem harten Hund ist kein Berg zu steil, kein Zementsack zu schwer, kein Ziel zu weit und keine Aufgabe zu vertrackt, um sie nicht irgendwie bewältigen zu können. Der harte Hund mutet sich gerne mal mehr zu, als er verkraften kann (sowohl emotional als auch körperlich), dennoch würde er das niemals zugeben – falls er es überhaupt bemerkt. Leider ist er nicht nur sich selbst, sondern häufig auch seinen Mitmenschen gegenüber sehr unerbittlich. Jammern, Schwächeln oder gar Aufgeben ist undenkbar und wird weder toleriert noch akzeptiert. Ausreden sind bei ihm völlig zwecklos, da im Grunde keine Entschuldigung vor seinem strengen Selbstanspruch Bestand hat. Ein harter Hund wird in jeder Situation die Zähne zusammenbeißen und bringt Angefangenes unter allen Umständen zu Ende.

Im Umgang ist der harte Hund daher nicht leicht, und es bedarf gelegentlich eines besonders dicken Fells, wenn man mit ihm kritische Situationen meistern will. Er nimmt nämlich ganz gewiss kein Blatt vor den Mund und hält mit seiner Meinung oder seinem harten Urteil grundsätzlich nicht hinter dem Berg. Einstecken können, lautet daher die Devise, und der große Vorteil dabei ist: Man kann ruhig auch austeilen.

Superman

Der gemeine Superman ist ein echtes Allroundtalent und damit im Grunde unschlagbar. Egal ob es darum geht, ein weinendes Kind zu trösten, einen Herd anzuschließen, das Bad neu zu kacheln, den Rasen zu mähen, das Amt des Schulelternsprechers zu übernehmen, ein Dreigängemenü zu zaubern oder im Job ein schwieriges Projekt souverän zu schaukeln – Mr. Superman gelingt einfach alles.

Gelegentlich kann er einem schon Angst einjagen, denn bei allem ist er in der Regel auch noch ungemein freundlich zu jedermann und bietet, wann immer Not am Mann ist, seine kompetente Hilfe an. Alles in allem ist der Superman zu schön, um wahr zu sein, und er genießt nicht umsonst wahren Seltenheitswert. Wer eines der seltenen Exemplare erwischt, sollte es daher gut festhalten.

Der Aufreißer

Vor dem Aufreißer ist keine Frau sicher. Egal ob blond oder braun, hübsch oder unhübsch, groß oder klein – er gräbt alles an, was bei drei nicht aus der Schusslinie ist. Allerdings ist zwischen dem gemeinen (eher schlichten) Aufreißer und dem gekonnten Charmeur zu unterscheiden. Letzterer versteht es, mit den richtigen Bemerkungen und kleinen Komplimenten sowie seiner Körpersprache und dem gezielt eingesetzten unwiderstehlichen Lächeln jede Frau um den kleinen Finger zu wickeln. Wenn er einen guten Tag hat, dann fühlt sich selbst ein hässliches Entlein in seiner Gegenwart wie ein schöner Schwan. Der Charmeur flirtet einfach gerne und genießt die Selbstbestätigung, die er aus den Reaktionen auf seine Anmache zieht. Der gemeine Aufreißer dagegen ist in erster Linie auf Sex aus und scheut selbst vor den peinlichsten Anmachsprüchen nicht zurück wie »Ich hab meine Handynummer verloren. Bekomme ich nun deine?« Oder: »Dein Vater muss ein Dieb sein, denn er hat dem Himmel die Sterne geklaut und sie in deinen Augen versteckt.« Oder gar: »Glaubst du an Liebe auf den ersten Blick, oder muss ich noch mal an dir vorbeigehen?«

Das Sport-As

Als Sport-As wird ein Mann meist nicht geboren, vielmehr entwickeln die meisten sich im Laufe der Jahre dazu. Der entscheidende Wendepunkt im Leben eines Mannes, der ihn zum Sport-As mutieren lässt, ist oft die erste Midlife Crisis oder das erste Klassentreffen nach fünfzehn Jahren. Sport in Maßen kommt grundsätzlich nicht in Frage; wer seiner Bandscheibe etwas Gutes tun will, trainiert am besten gleich für den Iron Man, und der Joggingtrainer lohnt sich nur dann, wenn er einen für den nächsten Marathon fit macht. Frei nach dem Motto »Viel hilft viel« wird gesportelt, bis die Kniescheibe Aua schreit. Dann ist es oft zu spät und das Sport-As mutiert in Minutenschnelle zum ➛ Hypochonder.

Letztlich ist klar, dass auch ein Sport-As seine

Aktivitäten unter anderem, um nicht zu sagen vorwiegend, als Flucht vor den großen und kleinen Problemen des Alltags nutzt. Selbstverständlich dient der Sport auch als Ausgleich, doch muss man beispielsweise beim Joggen für eine gute Stunde mit niemandem reden, keine schwierigen Fangfragen beantworten und im besten Fall überhaupt nicht (nach) denken. Was will Mann mehr?

Der Schweiger

Diese Spezies ist die mit am häufigsten verbreitete, was letzten Endes daran liegt, dass in jedem Mann die Veranlagung zum Schweiger steckt. Auch hier gilt: Es ist letztlich eine Frage der Ausprägung. Mit dem Schweiger hat die Frau oft besondere Schwierigkeiten, da ihr Wesen es ihr leider nicht erlaubt, sich in diesen Typus hineinzuversetzen. Anstatt die Tatsache zu akzeptieren, dass das männliche und das weibliche Kommunikationsverhalten ungefähr so weit auseinanderliegen wie Mars und Venus, legen Frauen immer wieder weibliche Maßstäbe an, denen der Schweiger niemals genügen kann.

Er zieht sich nun mal gerne zurück, macht Probleme so lange mit sich aus, bis er eine Lösung präsentieren kann, die selbst vor dem kritischsten aller

Kritiker Bestand hat, und sieht Reden nicht als eine Möglichkeit der Lösungsfindung an. Der Schweiger meint es selten böse oder agiert gar mit Vorsatz, er kann vielmehr schlicht nicht aus seiner Haut, da sein Mitteilungsbedürfnis grundsätzlich nicht sonderlich ausgeprägt ist.

Aufgrund seines Hangs zu Präzision und Effizienz redet er nur das Nötigste und taut höchstens mal in Gesellschaft auf, um die eine oder andere Anekdote zum Besten zu geben. In den eigenen vier Wänden fehlt ihm schlicht das Publikum, weshalb es aus besagten Effizienzgründen für ihn nicht sinnvoll ist, unnötig Energie durch allzu eloquente Einlagen zu verschwenden.

Mr. Tausend Prozent

Ein penibler Mann, der alles, was er anpackt, tausendprozentig korrekt erledigt, kann eine wahre Landplage, aber auch ein Segen sein. Wenn es darum geht, Reparaturarbeiten zu erledigen, die Familienfinanzen erfolgreich zu verwalten, die Urlaubsplanung zu übernehmen oder den Rasen englisch zu trimmen, ist alles in bester Ordnung. Doch spätestens wenn Mr. Tausend Prozent mit weiß behandschuhten Fingern über die polierten Möbel fährt, um deren Staubgehalt zu überprüfen, oder wenn er der Göttergattin mit spitzem Bleistift vorrechnet, dass die von ihr getätigten Ausgaben für Kleidung, Schuhe und Kosmetika das dafür vorgesehene Budget um exakt 73,89 Prozent überschreiten, wird es leicht kritisch.

Wer nun allzu vorschnell harte Worte der Verurteilung auf den Lippen hat, dem sei gesagt: Ähnlich wie der ➛ Schweiger kann auch ein Perfektionist nur schwer aus seiner Haut. Er meint es keinesfalls böse, sondern versucht lediglich, so korrekt wie möglich durchs Leben zu gehen. In der Regel ist das durchaus zeit- und nervenschonend, denn er würde weder das Familienbudget durch Geschwindigkeitsüberschreitungen beim Autofahren belasten, noch ist er unpünktlich oder fängt ständig Dinge an, die er nicht zu Ende macht. Außerdem steht er jederzeit zu seinem Wort, ändert seine Meinung nicht mit dem Wetter und hat, wenn man ihn richtig zu nehmen und einzusetzen weiß, durchaus seine Vorzüge.

Beziehungssprache, schwere Sprache

Männer reden nicht nur unbestritten seltener und insgesamt weniger als Frauen, sondern kommunizieren in aller Regel auch direkt und kommen möglichst schnell auf den Punkt. Frauen dagegen reden nicht nur gern und vor allem viel, sondern gelten auch als Meisterinnen der indirekten Kommunikation. Indem sie ihre Wünsche, Fragen und Bitten nur in den seltensten Fällen klar und deutlich, sondern meist mit Hilfe von Mimik und Gestik äußern, fordern sie es geradezu heraus, dass der Mann an ihrer Seite regelmäßig mit beiden Füßen ins Fettnäpfchen springt.

Auch wenn die Frauen es nur gut meinen, etwa weil sie ihr Gegenüber nicht verletzen oder ihm nicht zu nahe treten wollen, weil sie für Harmonie sorgen wollen oder weil sie schlicht davon ausgehen, dass sie und ihr jeweiliger Gesprächspartner auf derselben Ebene kommunizieren – das Ganze hat meist verheerende Folgen. Selbst wenn das im Gespräch mit anderen Frauen in 99 Prozent aller Fälle reibungslos funktionieren mag – sobald Mann und Frau miteinander reden, wird es ungleich komplizierter. Nicht wenige Beziehungsstreits enden damit, dass einer dem anderen ein entnervtes »Du willst mich wohl nicht verstehen« oder »Nie hörst du mir zu« an den Kopf wirft.

Macht man sich nun einmal bewusst, dass Frauen gerne durch die Blume und daher überwiegend auf der Gefühls- und Beziehungsebene, Männer dagegen in erster Linie auf der Sachebene kommunizieren und auch nicht dazu neigen, zwischen den Zeilen zu lesen oder sogenannte Metamitteilungen zu interpretieren, wird schnell klar, warum das nicht funktionieren kann.

Hilfe, es zieht! – Wie Missverständnisse entstehen

Nehmen wir mal den Superklassiker der fehlgeschlagenen Kommunikation: Mann und Frau sitzen im Zug, das Fenster ist offen. Sie reibt sich beide Oberarme und sagt: »Es zieht aber ganz schön.« Woraufhin er erwidert: »Stimmt.« Woraufhin sie beleidigt ist, dass er das Fenster nicht zugemacht hat. Woraufhin er wütend wird und die Welt nicht mehr versteht, weil sie ihm doch gar nicht gesagt hat, dass er das Fenster schließen soll.

Das Geschilderte lässt Schlimmes ahnen: Mann und Frau verstehen einander einfach nicht. Ganz so dramatisch ist es zum Glück nicht, doch es gibt tatsächlich unendlich viele Situationen zwischen Mann und Frau, in denen es – völlig unnötig – zu Missverständnissen kommt. Da wäre zum Beispiel das erste Date, bei dem er zum Abschied den berühmt-berüchtigten Satz »Ich ruf dich an« sagt und sie sich erst wundert und später die Augen ausweint, weil sie nie wieder etwas von ihm hört. Oder die Frage aller Fragen, bei der ein jeder Mann am liebsten sofort Reißaus nehmen würde, weil er mit der Antwort garantiert danebenliegt – egal was er sagt: »Findest du, ich bin zu dick?« Oder gar der Vorschlag von weiblicher Seite: »Wir könnten mal wieder in Urlaub fahren«, den kein Mann der Welt als konkrete Aufforderung zur Buchung auffassen würde.

Zurück zu der Szene im Zug: Anstatt den Mann konkret darum zu bitten, das Fenster zu schließen, hat die Frau sozusagen verbal und mit Hilfe ihrer Geste »um die Ecke kommuniziert«, ohne es jedoch zu merken. Und genau das ist das Fatale daran. Für die Frau impliziert ihre Bemerkung, dass es ziehe, nämlich die Bitte an den Mann, tätig zu werden. Sie geht einfach davon aus, dass der Mann auf derselben Ebene kommuniziert wie sie, und die eindeutige Aufforderung, das Fenster zu schließen, womöglich als unhöflich erachtet hätte. Sie will nett sein und erwartet dafür von ihm, dass er sich in sie hineinversetzt. Er soll ihrer Aussage und ihrer Geste entnehmen, dass sie friert, und Abhilfe schaffen.

Er dagegen, völlig ahnungslos, stimmt ihr zu, erntet dafür einen Rüffel und fühlt sich vor den Kopf gestoßen. Dabei hat er aus seiner Sicht alles richtig gemacht. Selbstverständlich hätte er das Fenster sofort geschlossen, wenn die Frau ihn darum gebeten hätte, und er hätte die Aufforderung weder als zu direkt noch als unhöflich oder sonst wie unverständlich erachtet.

Keinem von beiden kann man in den geschilderten Situationen die alleinige Schuld zuschieben, denn ein jeder hat die Situation oder vielmehr das Verhalten und die Erwartungen des anderen an den eigenen gemessen und damit falsch eingeschätzt.

Heute so und morgen so

Dass Männer der indirekten Kommunikation nicht mächtig seien, ist schlicht und ergreifend eine Lüge. Sie verstehen es vielmehr, ihre Mitmenschen geschickt zu täuschen und sie in dem Glauben zu lassen, sie verstünden diese Art der Kommunikation nicht. Dabei sind sie nur so gewieft, das Mittel genau dann einzusetzen, wenn sie es brauchen.

Nehmen wir mal die Situation, dass ein Mann eine Frau ein paarmal getroffen hat. Sie hat sich in ihn verliebt, er findet sie ganz nett und amüsant. Bevor er ihr nun reinen Wein einschenkt und ihr sagt, dass es mit ihnen ganz sicher nichts wird, macht er lieber gute Miene zum bösen Spiel, trifft sich weiter mit ihr und geht, wenn es sich denn anbietet, auch mit ihr ins Bett. Allerdings meldet er sich nie von selbst, sondern reagiert immer nur auf ihre Annäherungsversuche. Mit der Pistole auf der Brust gibt er dann plötzlich zu, dass er ihr nichts habe sagen wollen, um ihre Gefühle nicht zu verletzen, und sich gedacht habe, dass sie es früher oder später schon von selbst merke. Außerdem sei der Sex doch ganz nett gewesen …

Dabei weiß der Mann von heute durchaus die hohe Kunst der indirekten Kommunikation zu seinem Vorteil einzusetzen. Männliche Bedürfnisse machen eben erfinderisch. Und dass Männer Fantasie haben, ist ja wohl unbestritten.

Wie man einen Mann zum Reden bringt

Vorab muss hier mal eines klargestellt werden: Jeder Mann kann reden – wenn er will. Nur will er leider so selten. Fühlt er sich wohl und dreht sich das Gespräch um ein Thema, in dem er sich zu Hause fühlt, hat er sozusagen ein rhetorisches Heimspiel, dann kann sogar so mancher Vertreter dieser Spezies plappern wie ein Wasserfall. Wenn's um Fußball geht, kann er stundenlang reden, soll er dagegen die gemeinsame Zukunft planen, wird er plötzlich stumm wie ein Fisch.

Geht es dagegen um weniger geschätzte Kommunikationsthemen oder gar Gefühle, Beziehungen oder einfach nur den Informationsaustausch mit der mehr oder weniger geliebten Ehefrau nach Feierabend, erinnert sich der Mann von heute blitzschnell an seine genetischen Wurzeln und verfällt in traditionsbewährtes Schweigen. Das hat sich schließlich schon so oft bewährt … Und bevor er sich aufgrund einer falschen Antwort, etwa auf die ebenso beliebten wie gefährlichen weiblichen Fragen – »Liebst du mich noch?«, »Bist du mir eigentlich treu?« oder »Wie sehe ich aus?« – in eine unschöne Diskussion, auch Beziehungsstreit genannt, verwickeln lässt, tut der Mann gerne so, als wäre er mit voller Wucht auf den Mund gefallen und hätte sich dabei die Zunge abgebissen. Will heißen: Er sagt lieber mal nichts. Schließlich hat sich schon so mancher um Kopf und Kragen oder auf direktem Weg in eine teure Scheidung geredet.

Alles in allem gilt jedoch inzwischen als akzeptiert und allgemein anerkannt: Männer sind von Natur aus keine Gesprächstalente und das Bedürfnis, sich etwas von der Seele reden zu müssen, ist ihnen mehr als fremd. Fakt – und mehrfach erforscht – ist außerdem die Tatsache, dass im männlichen Gehirn andere Regionen für die Sprachfunktion zuständig sind als im weiblichen. Das erklärt ja wohl alles, oder?

Wege aus der Kommunikationsfalle

Es gibt im Bereich der zwischenmenschlichen Kommunikation bestimmte Dinge, die sollte eine Frau von einem Mann am besten gar nicht erwarten, wenn sie nicht enttäuscht werden will. Dazu gehört vor allem zweierlei:

Egal ob es nun am Aufbau ihres Gehirns, an ihrem Genpool oder an ihrer mangelnden Vorstellungskraft liegt: Männer sind mit hypothetischen Fragen in aller Regel überfordert. Frauen können stundenlang mit ihrer besten Freundin zusammensitzen und das Was-wäre-wenn-Spiel miteinander spielen. Sie malen sich die Zukunft, den nächsten Urlaub oder den Lebensabend in wärmeren Gefilden in den schillerndsten Farben aus und werden nicht müde, sich selbst die absurdesten Situationen bis ins letzte Detail vorzustellen.

Bei Männern funktioniert das nicht. Wann immer es darum geht, über etwas zu reden, was erst in der

Zukunft stattfinden soll, wird es schwierig. Fragen wie »Wenn wir jetzt zwei Kinder hätten und du ein Jobangebot aus dem Ausland bekämst, was würdest du dann machen?« oder »Wenn wir erst das Haus in der Toskana haben, können wir den Winter immer in Italien verbringen«. Männer lassen sich auf solche Fantasiespielchen nicht ein, sondern antworten zumeist: »Welches Jobangebot aus dem Ausland?« oder »Wir haben doch gar kein Haus in der Toskana« oder dergleichen.

Das ist nicht mal böse gemeint – ihnen fehlt an diesem Punkt schlicht das Vorstellungsvermögen. Man darf eben nicht von der bei Männern besonders gut ausgeprägten Fähigkeit, räumlich denken zu können, automatisch darauf schließen, dass dies auch für Zukunftsvisionen gilt – schließlich sind diese nicht dreidimensional.

Abgesehen davon sind die meisten Männer von der weiblichen Kommunikation schlicht überfordert, denn wenn im Stakkato die Sätze zwischen den fein geschwungenen Lippen hervorperlen wie Wasser aus einer sprudelnden Quelle, kann der Mann oft nur mit Schweigen antworten, weil er die siebenundvierzig Gesprächsthemen in sieben Zeilen gar nicht auf einmal aufzunehmen vermag: »Schatz, wir müssen dringend mal wieder den leckeren Käse kaufen, den wir neulich hatten, in der Schweiz soll es ja jetzt ein fantastisches neues Hotel geben, das haben die Bergers gestern beim Tennis noch erzählt, hast du eigentlich gesehen, was die Fischer wieder anhatte, dieser Rock war doch gemeingefährlich, wieso kannst du eigentlich nie deine Tasche ausräumen, wenn du vom Sport nach Hause kommst, und die Waschmaschine hast du auch noch nicht repariert.«

Was soll er auf diese Suada sagen? Spätestens nach dem dritten Satz macht das männliche Gehirn einfach dicht, und die Informationen kommen beim Empfänger nicht mehr an. Deshalb ist es dringend anzuraten, in kurzen, ganzen Sätzen zu sprechen, wenn man möchte, dass der Mann die geäußerten Informationen auch abspeichert.

Männer beschränken sich nun mal gerne auf den Austausch von Fakten und versuchen daher auch, stets die Fakten aus dem Gesagten herauszufiltern. Frauen dagegen wollen durch Kommunikation etwas für die zwischenmenschliche Beziehung tun und teilen hauptsächlich Befindlichkeiten mit. In den Augen des Mannes kostet das nicht nur Nerven, sondern vor allem eines: wertvolle Zeit. Zeit, die er nicht hat, weil er noch schnell die Reifen wechseln, den Artikel über seinen Lieblingsfußballverein lesen oder einfach nur dasitzen und vor sich hin starren muss.

Entsprechend kurz fallen daher seine Antworten aus, was keinesfalls persönlich genommen werden darf, da es lediglich der Notwendigkeit geschuldet ist, das Tagewerk noch zu vollenden.

Schnupfen mit Todesfolge

Ein kranker Mann ist das Schlimmste, was einem passieren kann. Bekanntlich haben alle Männer dieser Erde eine gewisse Veranlagung zur Hypochondrie. Wie stark diese ausgeprägt ist, hängt ganz von der persönlichen Veranlagung, außerdem von Erziehung, Leidensfähigkeit und Schmerzempfinden (grundsätzlich leicht übersteigert) ab. Meist wird schon der leichteste Schnupfen zur lebensgefährlichen Grippe stilisiert und ein Seitenstechen als Herzrhythmusstörung eingeordnet.

Liegt der Göttergemahl erst danieder, kann man nicht genug Trost in Form von liebevollen Worten spenden, Tee kochen und – ganz wichtig – Liebe und Aufmerksamkeit schenken. Er tut, als ging's zu Ende mit ihm, und wehe, man nimmt ihn nicht ernst. Dann ist das männliche Ego gleich mit gekränkt – und dagegen gibt es nach wie vor keine Medizin.

Während eine Frau mit vierzig Grad Fieber immer noch voll einsatzfähig ist, will heißen das Frühstück macht, die Kinder zur Schule bringt, bevor sie zur Arbeit fährt, nebenbei den Urlaub bucht, die Wäsche aus der Reinigung holt und ein Geburtstagsgeschenk für Tante Ulla besorgt, verfällt er bei einer erhöhten Temperatur von 36,8 statt 36,7 in eine Art Schocklähmung, die es ihm gerade mal ermöglicht, die Tasse Fenchel-Kümmel-Anis-Tee mit zitternder Hand an die Lippen zu führen, die Fernbedienung zu gebrauchen und die *Auto Motor Sport* durchzublättern. »Ganz oder gar nicht« lautet das Motto, »tot oder lebendig«, dazwischen gibt's nichts.

Treffen sich zwei Männer, um sich über ihre Krankheiten auszutauschen, sollten weibliche Wesen schleunigst die Flucht ergreifen, sofern sie keinen Lach- oder Wutanfall in Kauf nehmen wollen. Vor allem ein Punkt trifft häufig nicht nur auf Unverständnis bei den Frauen, sondern auch einen wunden Punkt: Wenn es darum geht, ihre Leiden und Schmerzen haarklein zu schildern, können Männer nämlich plötzlich reden.

Selbstverständlich hat der knapp dem Tod entronnene männliche Kranke keine Kraft, um die üblichen Arbeiten zu erledigen, und will auch sonst mit Alltagsproblemen nicht belästigt werden, das samstägliche Basketballtraining muss er deswegen jedoch noch lange nicht ausfallen lassen. Wem das unlogisch erscheinen mag, der muss eine Frau sein. Jedenfalls besitzt derjenige nicht genügend Einblick in männliche Prioritätensetzung. Das sieht nämlich folgendermaßen aus: Ein kranker Mann verzichtet nicht auf Dinge, die ihm Spaß machen. Die sind nämlich Medizin und helfen beim Gesundwerden.

Das Kuriose an der Sache ist für die meisten Frauen, dass der Mann dennoch äußerst ungern zum Arzt geht. Wahrscheinlich hat das damit zu tun, dass ein einsamer Wolf sich nun mal in die Höhle zurückzieht, um alleine zu sterben. Wenn schon, denn schon. Aber auch allein beim Gedanken an einen Krankenhausaufenthalt wird er blass und muss reanimiert werden – möglichst nicht im Krankenhaus. Wenn man mal genauer darüber nachdenkt, ist dieses Verhalten jedoch absolut logisch: Der Mann als solcher gesteht sich nun mal nicht gerne ein, dass es da womöglich etwas gibt, was nicht funktioniert. Hilflosigkeit und das Gefühl, einem Arzt ausgeliefert zu sein, behagen ihm nicht. Da bekämpft er die Krankheit lieber mit der Methode Leiden & Jammern. Oder er stürmt die nächstbeste Apotheke, kauft alles, was ohne Rezept zu haben ist, und beschreitet den Weg der Selbstmedikation. Aufs Geld kommt es dabei weniger an, schließlich geht es hier um die eigene Gesundheit.

Dabei ist auffällig, dass Männer lieber im Nachhinein (übrigens lautstarke) Schadensbegrenzung betreiben, als sich rechtzeitig um die angemessene Vorsorge zu kümmern. So ignorieren die meisten Männer beispielsweise die Krebsvorsorge – als sei sie bereits das Krebsgeschwür, und der Gang zum Arzt zur Routinekontrolle erscheint ihnen schizophren: Arztpraxen sind in ihren Augen für Notfälle gedacht, und nicht um den Stuhl im Wartezimmer unnötig warm zu halten. Letztlich steckt die dem Mann angeborene Angst vor Kontrollverlust dahinter, manchmal ist es aber auch nur die Angst vor dem Rat des Arztes, der da heißen könnte: Essen Sie nicht so fett, rauchen Sie nicht so viel, trinken Sie weniger und bewegen Sie sich mehr! Wer will so was schon hören?

Zu viel Gefühl

Männer können keine Gefühle zeigen, heißt es landauf, landab, und in der Tat würde so mancher Mann lieber eine Tüte Heuschrecken essen oder sich den großen Zeh abhacken lassen, als offen und ehrlich zu dem zu stehen, was er tief im Innern empfindet. Am liebsten verstecken Männer ihre Emotionen, vor allem die negativen oder Trauer, hinter einer Maske und üben sich im Sprücheklopfen, um ja nichts Persönliches erzählen zu müssen. Gefühle zu offenbaren gilt unter den Herren der Schöpfung nach wie vor als Schwäche und unmännlich. Die meisten Männer weinen nun mal heimlich, und das aus einem einfachen Grund: weil ihnen seit Jahrhunderten anerzogen wurde, dass man sich für Tränen zu schämen hat. Und weil Weinen Mädchen vorbehalten ist.

Natürlich sind heutzutage Sätze wie »Ein Indianer kennt keinen Schmerz« oder »Ein Junge weint aber nicht« in der Erziehung mehr als verpönt, dennoch muss man den großen Jungs zugutehalten, dass sie Zeit brauchen, um dieses Muster zu durchbrechen.

Schultern sind zum Draufklopfen da, nicht zum Ausweinen

Alles in allem sind die Männer derzeit auf einem guten Weg, schließlich werden positive Gefühle wie Freude, Stolz und Euphorie durchaus inzwischen öffentlich geäußert. Man denke nur an einen freudestrahlenden Sportler, der bei Olympia die Goldmedaille erkämpft hat und gerührt der Nationalhymne lauscht, einen stolzen Brautvater, dessen Stimme beim Toast auf das glückliche Paar zu zittern beginnt, oder einen überglücklichen Politiker, der nach einer gewonnenen Wahl auf seine Frau zustürmt und sie vor aller Augen überschwänglich küsst.

Grundsätzlich gilt: Wenn's was zu feiern gibt, ist der Mann sich selbstverständlich nicht zu schade, seinen Gefühlen freien Lauf zu lassen. Da wird gelacht und gejubelt und gehüpft und getrunken und gesungen und umarmt und gestrahlt und sich gegenseitig auf die Schulter geklopft, bis der Ellbogen schmerzt. Geht es jedoch um Trauer, Angst, Wut oder Kummer, rät der männliche Instinkt: Ab in die einsame Höhle und ja nicht dabei erwischen lassen! Zwar weiß der moderne Mann, dass er negative Emotionen ungestraft (will heißen ohne soziale Ächtung oder Spott) zulassen und sie auch äußern darf, und dennoch gelingt es ihm nur selten.

Beziehungsarbeit, Gefühle ergründen, Ängste betrachten – das alles geht nach wie vor so gut wie gar nicht. So groß und laut manch ein Mann im Job ist, so klein mit Hut und leise, wenn nicht gar stumm, wird er, wenn er zugeben soll, dass er sich unwohl gefühlt oder gar gefürchtet hat. Bevor er sich damit auseinandersetzt, versteckt er sich lieber hinter der Zeitung oder macht Überstunden, geht Fußball spielen oder beendet im Extremfall auch schon mal eine Beziehung. So manche Überstunde im Büro hat also keinesfalls etwas mit einer Geliebten zu tun, sondern kann schlicht und ergreifend von einer wachsenden Unlust zeugen, nach Hause zu kommen und über Gefühle reden zu müssen.

Schwäche – wie buchstabiert man das?

Neben der Tatsache, dass die meisten Männer Angst davor haben, als unmännlich dazustehen oder gar Mitleid zu erregen, gibt es ein weiteres großes Problem bei der Sache mit den Gefühlen. Die Zahl derer, die nicht in der Lage sind, ihre Schwächen sich selbst gegenüber einzugestehen, ist nämlich nach wie vor extrem groß. Männer geben sich gerne unbeeindruckt und täuschen mit Vorliebe Gleichmut vor, selbst wenn es sie innerlich fast zerreißt. Das impliziert, dass viele Männer ihrer Umwelt gegenüber unter allen Umständen das Gesicht zu wahren versuchen und nur in absoluten Notsituationen – oder solchen, in denen es gesellschaftlich anerkannt oder sogar erwartet wird, etwa dem Tod der geliebten Mutter oder dem Abstieg des Lieblingsfußballvereins in die Tiefen der Zweiten Bundesliga – Gefühle zeigen.

Natürlich ist auch ein Mann mal traurig, verzweifelt oder niedergeschlagen – rein theoretisch zumindest. Praktisch unternimmt er jedoch alles, um diese Tatsache unter keinen Umständen wahrhaben zu müssen, was bedeutet, dass er sie entweder verdrängt oder ignoriert oder beides gleichzeitig tut. Im Ignorieren hat der Mann es tatsächlich zu einer erstaunlichen Perfektion gebracht, die ihn vor dem Schlimmsten schützt, was ihm so passieren kann, nämlich Trost und vor allem (man kann es nicht oft genug erwähnen) Mitleid. Warum das so ist? Ganz einfach: Männer wollen nicht getröstet und schon gar nicht bemitleidet, sondern nur beneidet und bewundert werden. Sei es für die attraktive, deutlich jüngere Frau an ihrer Seite, den gelungenen Millionen-Deal, den neuen Ferrari oder ihre Fähigkeit, in jeder Situation HERR der Dinge zu sein und ja keine Schwäche zu zeigen oder gar eine Niederlage einzugestehen. Kapiert?

Bitte keine Fragen!

Natürlich kostet es jeden Mann ein gehöriges Maß an Kraft, Energie und Fantasie, um diese Maske dauerhaft aufrechtzuerhalten, aber Coolness geht nun mal über alles – auch in einer Beziehung. Nur leider sind die Partnerinnen von dieser hart erkämpften äußerlichen Gelassenheit in der Regel alles andere als begeistert. Vielmehr stößt die typisch männliche Gefühlsverschleierungstaktik bei den meisten Frauen immer wieder auf Unverständnis, Verärgerung und in nicht seltenen Fällen sogar Verzweiflung. Das liegt vor allem an zweierlei. Statt den immensen Aufwand zu schätzen, den er beim erfolgreichen Verdrängen investiert, machen die Damen es ihrem Partner oft zusätzlich schwer, indem sie Lunte riechen, sich nicht blenden lassen und zu allem Übel auch noch zielsicher in der Wunde bohren. Als besorgtes Nachhaken verstehen es die einen, als ungerechtfertigtes In-die-Ecke-Drängen oder polizeiverhörähnliche Befragung kommt es bei den anderen an. Wen wundert es da noch, dass es kracht?

Nehmen wir einmal an, es ist ein Samstagabend im August, und zwei sich liebende Menschen sitzen nach einem erfüllten Tag, an dem er ihr mit seinem Kiteboard ausgiebig etwas vorgesurft und ihr anschließend beim Eiskaffee in der Strandbar noch ausgiebiger die Weltpolitik erklärt hat, auf der Terrasse ihres Feriendomizils. Vor sich einen Bordeaux mit 96 Parker-Punkten, haben sie sich zusammengekuschelt und lassen den Tag Revue passieren. Er schwelgt stumm in seinen Heldentaten, während ein stolzes Lächeln seine Lippen umspielt, und fühlt sich großartig. Und was tut sie? Stellt Fragen. Unangenehme Fragen. Und erwartet allen Ernstes auch noch eine Antwort darauf. Was denkst du gerade? Was empfindest du für mich? Wie sehr liebst du mich? Wie viel bedeute ich dir? Wovor hast du Angst? Traust du mir nicht?

Auf diese und ähnliche Sätze reagieren neunzig Prozent aller Männer gleich: Sie machen zu wie eine Auster und ergreifen auf dem schnellsten Weg die Flucht. In den allermeisten Fällen erreicht eine Frau mit solchen Fragen gar nichts – schon gar nicht das, was sie wollte. Sie denkt, indem sie den Mann ein bisschen kitzelt, wird er früher oder später schon aus der Reserve kommen, und verkennt dabei, dass sie ihm schier Unzumutbares zumutet: nämlich seine Fassade zum Einstürzen zu bringen. Und das kann beim besten Willen nicht gut gehen.

Wenn man einen Mann zum Reden – über Gefühle gar – bringen will, muss man vielmehr ein Umfeld schaffen, in dem er sich wohlfühlt. Schließlich sind Männer extrem sensibel, vor allem hinsichtlich ihrer eigenen Befindlichkeiten, auch wenn sie das natürlich niemals zugeben würden. Er darf also weder das gefürchtete Mitleid noch andere Gefahren wittern, muss zudem jederzeit den Eindruck haben, der (freiwillig!) agierende Part zu sein, und darf zu nichts gezwungen werden. Dann – und nur dann – besteht eine reelle Chance, dass er »aufmacht« und sein Innenleben offenbart. Eine Garantie gibt es indes nicht, aber wofür gibt es die heutzutage schon?

Eines noch zum Schluss: Natürlich lässt sich aus dem zartbesaiteten Wesen des Mannes keine grundsätzliche Sensibilität gegenüber den Gefühlen anderer, vornehmlich Frauen, ableiten. Das wäre nun wahrlich zu viel verlangt. Die meisten Herren können nun mal leider auch mit den Gefühlen anderer nur schwer umgehen, weshalb eine Frau deutlich besser fährt, wenn sie sich von ihrer besten Freundin trösten und die Tränen trocknen lässt, als darauf zu hoffen, dass er ihr seine starke Schulter zum Ausweinen anbietet. Ausnahmen bestätigen selbstverständlich die Regel, sofern man das seltene Glück hat, einer zu begegnen.

Fein gemacht! – Die Kunst zu loben

Im Grunde ist die Sache doch ganz einfach: Männer wollen für ihr Leben gern gelobt werden, und wer sich daran hält, hat kein Problem mit ihnen. Schluss, aus, fertig!

Na ja, wenn es wirklich so wäre, dann wäre das Kapitel an dieser Stelle schon zu Ende, und das wäre ja auch nicht schön. Ganz so simpel ist es also nicht, dennoch ist unbestritten, dass Männer, wo sie gehen und stehen, Bestätigung brauchen. Warum das so ist? Ganz einfach: weil das männliche Ego von Natur aus förmlich danach dürstet.

Jedenfalls sollte die lobende Person keinerlei Hemmungen an den Tag legen und selbst vor absolut peinlichen Sätzen wie »Echt toll, dass du die Getränkekisten die drei Stufen zur Wohnung hochgetragen hast!« oder »Wow, deine Penne all'arrabiata von Bertolli schmecken wie in Italien!« keinesfalls zurückschrecken. Ein gewisser Hang zur Beschönigung und positiven Übertreibung ist ebenfalls förderlich, und auch von der Angst, die Lobeshymne könnte fast schon einen ironischen Beigeschmack haben, sollte man sich freimachen. In dem Punkt sind Männer ausnahmsweise mal gar nicht sensibel.

Dennoch müssen es nicht immer die ganz großen Worte sein, oft reicht selbst die kleinste Anerkennung in Form eines bewundernden Blicks aus, um einen Mann glücklich zu machen. Nichts ist für einen Mann schlimmer, als für eine erbrachte Leistung (manchmal auch nur für seine pure Anwesenheit, aber das Thema grenzenlose Selbstüberschätzung wird an anderer Stelle behandelt) nicht genügend Wertschätzung zu erfahren.

Wer dagegen (auch ungerechtfertigten) spontanen Begeisterungsanfällen eher ablehnend gegenübersteht, mit Lob so knauserig umgeht wie mit seiner letzten Spende an »Brot für die Welt« oder sich anerkennende Worte ausschließlich für die ganz besonderen Fälle (er hat das höchste Gebäude der Welt erbaut etc.) vorbehält, der wird es schwer haben. Und wer gar öfter Kritik äußert als Bewunderung, sollte dringend umdenken.

Lob gebührt dem Manne übrigens unabhängig von der Länge und Quantität der erbrachten Leistung. Wenn ein Paar beispielsweise gemeinsam ein Grillfest plant und die Frau von der Einladung der Gäste über den Einkauf, die Zubereitung von Salaten und das Marinieren von Grillgut bis hin zur Kinderbetreuung, musikalischen Untermalung, zum Decken des Tisches und des Kaltstellens der Getränke so gut wie alles übernommen hat, heißt das noch lange nicht, dass er für das Entfachen des Grills nicht mindestens dieselbe Anerkennung erwartet und diese auch lautstark einfordert. Er weiß eben, was er kann.

Wie du mir, so ich dir

So gerne Männer gelobt werden, so schwer fällt es ihnen, anderen Menschen nette Dinge zu sagen. Wobei gilt: Je weniger nah sie jemandem stehen, desto eher rutscht ihnen schon mal ein Lob oder Kompliment heraus, was letztlich nichts anderes heißt, als dass die eigene Ehefrau da leicht zu kurz kommen kann. Aber was soll's? Der Blumenstrauß von der Tankstelle wird es schon wieder richten.

Wenn ein Mann eine Frau wirklich liebt – und gelegentlich auch nur, wenn er seine Ruhe haben will, aber das ist eher die Ausnahme –, macht er ihr sehr wohl Komplimente und hat auch kein Problem damit, sie aus lauter Liebe anzulügen. »Doch, doch,

Schatz. Du kannst hervorragend einparken. Was kannst du schon dazu, wenn der Laternenpfahl so blöd am Straßenrand steht«, kommt ihm mit einer Leichtigkeit über die Lippen, über die man nur sprachlos staunen kann.

Der Bumerangeffekt

Lob und Tadel liegen oft dicht beieinander, und wer einen Mann (im schlimmsten Fall öffentlich) in seine Schranken weist, der sollte sich darüber im Klaren sein, was er in der sensiblen Seele damit auslöst. Der arme Kerl, der es in aller Regel nur gut gemeint hat, fühlt sich wie ein beim Naschen ertapptes Kind. Um das Donnerwetter möglichst schnell vorbeiziehen zu sehen, verzichtet er auf Widerworte und/oder Erklärungen, nimmt die Schuld auf sich und geht. Derweil denkt er an was Schönes und wartet, bis die dunklen Wolken sich wieder verzogen haben. Lass die mal reden, murmelt er innerlich und macht die Schotten dicht, versinkt in Schweigen, versteckt sich hinter seinem Schutzpanzer.

Das Fatale an weiblichen Zurechtweisungen und Tiraden ist, dass sie nahezu wirkungslos bleiben, vor allem, je häufiger sie wiederholt werden. Sie hat mal wieder ihre »fünf Minuten« und spinnt rum, denkt sich der Mann dann achselzuckend und ist nicht der Meinung, auch nur ein Wort davon ernst nehmen zu müssen. Warum auch?

Kompetenzgerangel

Sie alle kennen sicher eine Frau, die das Leben voll und ganz im Griff hat. Im Job beweist sie Verantwortungsbewusstsein und Durchsetzungsvermögen, hat einen großen Freundeskreis, ist viel und gerne unterwegs, macht regelmäßig Sport, hat ihre Wohnung kürzlich in Eigenregie renoviert, und wenn ihr Auto stehen bleibt, wirft sie erst mal selbst einen Blick unter die Motorhaube, bevor sie den ADAC ruft. Alles ist in bester Ordnung, nur mit dem Mann fürs Leben will es nicht so richtig klappen. Sie lernt beim Ausgehen und im Beruf zwar regelmäßig interessante Männer kennen, und manch einer ist anfangs auch interessiert, doch spätestens nach dem zweiten Treffen verschwindet der jeweilige Kandidat mit mehr oder minder fadenscheinigen – und manchmal auch ganz ohne – Ausreden. Wie kommt das?

Nun ja. Frauen, die alles selbst können und machen und nicht um Hilfe fragen, geben Männern häufig das Gefühl, minderwertig zu sein und nicht gebraucht zu werden. Das hat nicht selten ein mittel- bis sehr schweres Rollenproblem zur Folge, was in der schlimmsten Ausprägung beim Mann zu Depressionen oder sofortiger Fluchtergreifung führen kann.

Allzu selbstsichere Frauen verunsichern Männer, schließlich hätten sie auch im Privatleben gerne einen Bereich, in dem sie mal sagen können, wo es langgeht, und wenn es nur der Weg zum Starnberger See ist. Doch dafür gibt es inzwischen Navigationsgeräte, und die Felder, auf denen Mann sich profilieren kann, werden immer weniger.

Auf alle Fälle lässt sich bei den Herren der Schöpfung eine gewisse Angst vor mächtigen Frauen ausmachen, was daran liegt, dass sie nicht wissen, wie sie mit den erfolgreichen, unabhängigen Konkurrentinnen umgehen sollen. Das gilt allerdings weniger für den Job, denn dort wissen die Männer durchaus, wie der Hase läuft, kennen die Spielregeln und fühlen sich auf ihrem Terrain sicher, sondern vielmehr fürs Privatleben. Neben der Angst, dass die Frau an seiner Seite ihn durch ihre Scharfzüngigkeit oder Intelligenz vor seinen Freunden oder gar Geschäftskollegen bloßstellen könnte, möchte sich auch kein Mann dieser Welt seine eigene Unfähigkeit vor Augen führen lassen.

Daher bergen sämtliche Situationen, in denen eine

Frau dem Mann überlegen ist, hohes Konfliktpotenzial. Etwa wenn er drei Monate nach dem Umzug in die erste gemeinsame Wohnung die Bilder und Vorhangstangen immer noch nicht aufgehängt hat. Oder wenn von der Decke nach wie vor nackte Glühbirnen baumeln, weil er – *entre nous* – gar nicht mit Bohrer und Schraubenzieher umgehen kann. Wenn sie nun seine Ausrede, er habe einfach keine Zeit angesichts des Stresses im Büro, nicht akzeptiert, und anstatt einen Handwerker zu beauftragen, kurzerhand selbst Hand anlegt – noch dazu mit einem zufriedenstellenden Ergebnis –, dann mögen hinterher vielleicht die Bilder gerade hängen, der Haussegen dagegen hängt garantiert schief. Schließlich beschämt es ihn zutiefst, wenn sie ihm so deutlich demonstriert, dass sie ihm wirklich in allen Belangen überlegen und er im Grunde nicht nur unfähig, sondern eigentlich auch überflüssig ist. Das Ergebnis: Sie ist zwar emanzipiert, aber er ist dauerhaft beleidigt. Und vielleicht wäre in dem Fall die Handwerkerrechnung doch der geringere Einsatz gewesen?

Der Jäger als Sammler

Ein Mann ist ständig auf der Jagd. Sei es nach jungen Frauen, nach dem größten Auto, dem schnellsten Laptop, dem breitesten Breitwandfernseher, dem besten Jahrgangswein oder einfach nur seiner verlorenen Jugend. Letzteres äußert sich vor allem durch das Jagen nach jungen Frauen, dem größten Auto, dem schnellsten Laptop, dem breitesten Breitwandfernseher oder dem besten Jahrgangswein. Wichtig ist dabei vor allem der Marktwert der Trophäe, da sie automatisch das Ansehen des Besitzers steigert. Wer dies einmal verstanden hat, der wundert sich auch nicht mehr, wenn die Trophäe bei sinkender Attraktivität ohne zu zögern ausgetauscht und durch ein neueres, im Neidfaktor deutlich höheres Modell ausgetauscht wird. Dass dies für Autos, Laptops und Co. genauso gilt wie für Frauen, ist eine Tatsache, mit welcher der weibliche Teil der Bevölkerung schlicht leben lernen muss.

Aufgrund ihrer angeborenen Sammelleidenschaft

haben Männer außerdem ein gewisses Faible für die Lagerung von alten Hobbyausrüstungen, die sie vorzugsweise im Keller, auf dem Speicher oder aber auch hinter der Schlafzimmertür sowie unter dem Bett aufbewahren und konsequent bei jedem Umzug entsprechend umlagern. Aussortieren ist undenkbar, schließlich müsste man dann den Traum von der ewigen Jugend begraben. Abgesehen davon kann zum Beispiel eine Plattensammlung für eine gewisse emotionale Stabilität im Leben eines Mannes sorgen, die nicht unterschätzt werden darf.

Das Kaufverhalten, das bei Frauen gerne mal in einen Schuh- oder Handtaschentick ausartet, findet sich selbstverständlich auch bei Männern, nur ist es bei ihnen hauptsächlich auf den Erwerb von Ersatzkaffeemaschinen, -akkuschraubern, -werkzeug sowie allerlei technischem Gerät und sonstigen Hamsterkäufen aller Art beschränkt. Das sieht im Einzelfall dann so aus: In einem Elektronikkaufhaus sind DVD-Player im Angebot. Zwar besitzt der Mann bereits ein recht neues Gerät, mit dessen Leistung er auch durchaus zufrieden ist, doch das Angebotsprodukt hat eine äußerst interessante Zusatzfunktion, die das im Haus befindliche Gerät nicht besitzt. Da der Preis zudem echten Schnäppchencharakter hat, zögert der Mann nicht lange und greift zu.

Ähnliches gilt übrigens für Lebensmittelkäufe. Da wird gerne mal eine ganze Palette Erdbeerjoghurts mitgenommen, weil sie – oh Wunder! – unglaublich günstige 39 Cent das Stück kosten, ohne dass im Eifer des Gefechts auffällt, dass das Mindesthaltbarkeitsdatum bereits am nächsten Tag ist. Und auch wenn hinterher zwei Drittel der Joghurts in den Müll wandern, sollte dem Mann daraus kein Vorwurf gemacht werden. Immerhin ist der Arme lediglich seinem Jagdinstinkt erlegen.

Beim Hemdenkauf erspart just dieser Instinkt dem Mann übrigens jede Menge Zeit – und oft auch Geld. Während eine Frau beim Shoppen in diversen Boutiquen, Kaufhäusern und kleinen Läden nicht nur mehrere Stunden verbringt, sondern dabei auch noch mehrere hundert Kilometer an einem Tag zurücklegt, weil sie von Geschäft zu Geschäft läuft, alles anprobiert, sich nicht entscheiden kann und am Ende doch das kauft, was sie als Erstes anhatte, geht der Mann deutlich effizienter vor: Er betritt das Einkaufszentrum, ohne nach rechts und links zu blicken, steuert sein Lieblingsgeschäft an (das nur deshalb sein Lieblingsgeschäft ist, weil er bisher kein anderes ausprobiert hat), läuft direkt in die Hemdenabteilung, nimmt das ihm passende Modell in drei verschiedenen Farben, bezahlt und hastet wieder hinaus, als wäre der Leibhaftige hinter ihm her. Dabei ist es ihm völlig egal, ob die gekauften Hemden im Laden nebenan fünf Euro billiger gewesen wären oder er im Vorbeigehen auch noch eine passende Hose hätte erstehen können. Hosen standen nämlich nicht auf dem Jagdplan. Was gibt es denn da nicht zu verstehen?

Kritikpunkte

Einer der wesentlichen Unterschiede zwischen Männern und Frauen besteht darin, dass ein Mann seine Partnerin, sofern er sich denn mal für eine Frau an seiner Seite entschieden hat, in den allermeisten Fällen so nimmt, wie sie ist. Wenn er sie nicht toll fände, dann hätte er sie gar nicht erst zu seiner Partnerin gemacht – so einfach ist das.

Egal, welche Macken eine Frau auch hat, ob sie im Restaurant kein Gericht bestellen kann, ohne die Beilagen dreimal auszutauschen und den Kellner mit ihren Sonderwünschen auf Trab zu halten, ob sie grundsätzlich mit Schlafmaske, Wohlfühlsocken und Ohrstöpseln ins Bett geht und selbst im Hochsommer bei geschlossenem Fenster schlafen muss, weil es sonst zieht, oder ob sie den halben Samstag mit ihrer besten Freundin beim Schaufensterbummel mit anschließendem Cafébesuch und ausgiebiger Schnäppchenjagd verbringt, anstatt ihm die versprochene Lasagne zu kochen – die meisten Männer würden ihrer Partnerin aus diesen Gründen niemals eine Szene machen.

Zwar gibt es durchaus auch einige Männer, die offen Kritik üben, vorzugsweise an der Figur oder am Fahrstil ihrer Partnerin, doch kein männliches Wesen auf Gottes Erden käme auf die Idee, seine Frau oder Freundin ständig ändern zu wollen und so lange an ihr herumzunörgeln, bis sie seinem persönlichen Idealbild entspricht. Wie gesagt: In dem Fall hätte er sie gar nicht erst genommen. Vielmehr lieben nicht wenige Männer die Frau an ihrer Seite gerade wegen ihrer Macken, und sollte das Feuer tatsächlich eines Tages erlöschen, dann nehmen sie sich eben einfach eine andere, übrigens meist eine jüngere. Aber Kritik ist aus ihrem Mund mit an Sicherheit grenzender Wahrscheinlichkeit nicht zu hören.

Was du nicht willst, dass man dir tu …

Dementsprechend irritiert und genervt ist der Mann, wenn die Frau ständig an ihm herummäkelt, etwa weil sein Hemd nicht zur Hose passt, weil er am Sonntagmorgen beim Frühstück noch nicht rasiert ist, weil er seiner Tochter das falsche Kleidchen angezogen hat, weil er in Gesellschaft schon mal ein Bier zu viel trinkt, weil er neulich die junge Studentin an der Supermarktkasse eine Spur zu lange angelächelt hat, weil er seine Zigarettenkippen auf dem Balkon in die Blumenerde steckt, weil er eine neue Wasserflasche öffnet, ohne vorher nachzusehen, ob im Kühlschrank schon eine angebrochene steht... So mancher Mann mag sich vorkommen wie im Erziehungscamp, und das nicht zu Unrecht. Dabei wünscht er sich doch nichts weiter, als sein zu dürfen, wie er ist. Etwas, was er seiner Partnerin niemals absprechen würde.

Zu viel Kritik kann leicht kontraproduktiv sein, denn wo ein Wille ist, muss noch lange kein Weg sein. Männer ändern sich nun mal nicht, da kann man als Frau noch so viele gute oder gut gemeinte Erziehungsversuche starten. Sollten sie es aus irgendwelchen Gründen doch tun, so ist mit an Sicherheit grenzender Wahrscheinlichkeit davon auszugehen, dass sie spätestens im Jahre drei nach der Hochzeit rückfällig werden oder sich als ausgleichende Gerechtigkeit eine Geliebte nehmen.

Die in beharrliche Kritik fehlinvestierte Zeit ist deutlich sinnvoller in übersteigertem Lob und positiver Verstärkung angelegt, denn dies sind eindeutig die besseren Methoden, um zum Ziel zu kommen. Versprochen!

Halten wir also fest, dass Männer im partnerschaftlichen Umgang grundsätzlich ein wenig toleranter sind als Frauen. Leben und leben lassen, lautet die männliche Devise. Mit anderen Worten: Lässt du mich in Ruhe, lass ich dich in Ruhe, und alles ist paletti. Männer stören sich eben nicht so schnell an gewissen Eigenschaften, Ereignissen oder Begebenheiten als Frauen, was damit zu begründen ist, dass sie von Geburt an das Leben (zumindest ihr Privatleben) gelassener nehmen und öfter mal fünfe gerade sein lassen können.

Ausweichmanöver vom Feinsten

All das soll jedoch nicht darüber hinwegtäuschen, dass es durchaus auch Männer gibt, die einzig und allein deshalb keine Kritik an ihrer Partnerin üben, weil es Streit und Stress zur Folge hat. Die meisten Männer haben schon mal schmerzhaft am eigenen Leib (oder wie sollte man Sexentzug sonst umschreiben?) erfahren, dass eine Frau Kritik an ihrer Person nicht einfach so hinnimmt, sondern in aller Regel zum Gegenschlag ausholt. Und darauf können die Herren der Schöpfung gerne verzichten. Notlügen sind dabei übrigens durchaus gestattet.

Alles in allem handelt es sich bei den allermeisten Kritikpunkten aus männlicher Sicht jedoch um Kleinigkeiten, die es definitiv nicht wert sind zu streiten. Böse Zungen könnten im Hinblick darauf von Konfliktvermeidung und Bequemlichkeit sprechen oder gar behaupten, es handele sich um eine Art Boykott, um den Gegner zu schwächen. Ein Mann dagegen würde einfach sagen: Man muss Prioritäten setzen.

So nah und doch so fern – Nähe und Distanz

Wenn man die unterschiedlichen Bedürfnisse von Männern und Frauen betrachtet, was Nähe und Distanz angeht, kommt man spontan zu dem Ergebnis, dass die beiden Geschlechter einfach nicht zueinanderpassen. Sieht man genauer hin, stellt man fest, dass Männer eindeutig mehr Rückzugsräume brauchen als Frauen und dass man daran tunlichst nichts ändern sollte. Wenn man dies als eine gegebene Tatsache erkannt und akzeptiert hat, kann man zumindest zu hoffen wagen, dass sich Männlein und Weiblein mit viel Einfühlungsvermögen, Geduld und auch einer Portion Glück doch vielleicht zusammenraufen können.

Männerzeit

Männer brauchen ab und zu einfach mal eine Verschnaufpause und ein bisschen Zeit für sich, Männerzeit sozusagen, die ihnen das Gefühl von uneingeschränkter Freiheit und Unabhängigkeit gibt. Sie verspüren in regelmäßigen Abständen das Bedürfnis, aus der Routine auszubrechen, und müssen dann Dinge tun, die nur Männer tun, auch wenn sie Frauen komplett sinnlos erscheinen mögen, etwa Angeln, Golfspielen, Radfahren, Sportübertragungen ansehen und – ganz wichtig – Schweigen. Außerdem machen Männer viele Dinge mit sich alleine aus, und es liegt ihnen nicht in den Genen, Probleme zu lösen, indem sie darüber reden. Vielmehr ziehen sie sich, sobald es brenzlig wird, schweigend zurück, um darüber nachzudenken oder – was viel häufiger der Fall ist – sich abzulenken.

Diese Reaktion ist absolut urtypisch männlich und höchstwahrscheinlich im Genmaterial programmiert, denn sie wird bei drohender Gefahr automatisch und ohne bewusstes Zutun des Mannes gestartet. Dass ein Mann ab und zu ausweichen und fliehen können muss, dass er sich sozusagen in eine imaginäre Höhle zurückziehen kann, gehört nun mal zu seinem Wesen. Der Versuch vieler Frauen, diese Autopilotfunktion umzuprogrammieren oder gar dauerhaft auszuschalten, ist in aller Regel vergeblich und hat heftige Frustreaktionen zur Folge, die prompt die nächste Fluchtreaktion auslösen. Im Extremfall kann es zu ungewollten Kettenreaktionen beträchtlichen Ausmaßes kommen, die unter Umständen in einer sofortigen Beendigung der jeweiligen Beziehung enden.

Ein Mann kann und will in einer Partnerschaft nicht immer für die geliebte Frau da sein und parat stehen. Er ist daher durchaus sehr froh, wenn seine Partnerin zum Beispiel ausgiebig Shoppen geht und drei Stunden später als vereinbart nach Hause kommt, weil er dann mit gutem Gewissen allein sein und einfach mal nichts tun darf. Das bedeutet keineswegs, dass ihm die Frau, ihr Aussehen, ihr Modebewusstsein und ihre Freundinnen gleichgültig sind und er sich nicht mehr für sie interessiert. Ebenso wenig käme er auf die aus seiner Sicht völlig absurde Idee, sich zurückgestoßen oder ungeliebt zu fühlen, weil sie ihn nicht bittet mitzukommen.

Möchte er jedoch mal etwas alleine oder mit Freunden unternehmen, dann will er ganz bestimmt nicht immerzu Rechenschaft darüber ablegen, wo er warum wie lange und mit wem gerade war. Allein der Gedanke, sich gegenüber einer Partnerin ständig für die dringend benötigte Rückzugszeit rechtfertigen zu müssen, widerstrebt den meisten Männern so sehr, dass sie es vorziehen, keine feste Beziehung einzugehen.

Nur wenn die Frauen verstehen, dass der männliche Freiheitsdrang angeboren ist und daher weder abtrainiert noch in (aus weiblicher Sicht) geregelte Bahnen gelenkt werden kann, und nur wenn sie ihn auch tatsächlich respektieren und annehmen, kann die Sache gut gehen. Der wichtigste Punkt dabei ist: Dieses Verhalten hat ganz und gar nichts mit der Frau an seiner Seite zu tun. Daher hier noch einmal zum Mitschreiben: Es bedeutet keinesfalls, dass er sie weniger liebt, nur weil er ab und zu mit ein paar Freunden um die Häuser zieht oder am Wochenende auch mal alleine angeln gehen möchte, anstatt mit Kind und Kegel einen lustigen Familienausflug zu unternehmen.

Im Umkehrschluss heißt das: Will man einen Mann garantiert vertreiben, dann muss man nur versuchen, ihn festzuhalten, zu kontrollieren, an die kurze Leine zu nehmen und über seinen Tagesablauf zu bestimmen.

Gemach, gemach!

Männer lassen es in Beziehungen generell erst mal locker angehen, sie mögen es unverbindlich und lassen sich nicht gerne im Vorhinein festlegen. Der Grund liegt auf der Hand: Sie wollen sich alle Optionen offenhalten, sicher auch aus der Angst heraus, es könnte noch was Besseres nachkommen – und dann hätten sie das Nachsehen. Die Vorstellung, keiner Frau mehr hinterherschauen und sich fortan nur noch – und vor allem ausschließlich – *einem* weiblichen Wesen exklusiv zuwenden zu dürfen, behagt Männern erst mal ganz und gar nicht.

Abgesehen davon ist das Leben alleine auch nicht so schlecht, man hat seine Freiheiten: Hemden kann man zum Bügeln weggeben (ist auch gar nicht so teuer), die Putzfrau erledigt den Haushalt, und die Single-Menüs aus dem Supermarkt haben auch beachtlich an Qualität zugenommen. So weit, so gut. Warum sollte sich daher ein gesunder Mann, der alle sieben Sinne beisammenhat, auf einen Deal (auch Partnerschaft oder im Extremfall Ehe genannt) einlassen?

Was ändert sich schon für ihn? Das Geld, das er für Putzfrau und die gebügelten Hemden spart – falls seine Lebensabschnittsgefährtin überhaupt bereit ist, ihm den Haushalt zu führen –, muss er locker für Geschenke, Essenseinladungen und anderen Schnickschnack, etwa Blumen oder Bitte-verzeih-mir-Schmuck ausgeben. Wer sich auf so was einlässt, der kann entweder nicht rechnen oder ist wirklich total verliebt.

Leider können die meisten Männer rechnen, oft

sogar sehr gut, und sobald ein Mann auch nur den leisesten Verdacht hegt, er könnte an die Leine gelegt werden, regt sich in ihm der Fluchtinstinkt. Dass Frauen immer gleich alles dingfest machen und die Zukunft planen wollen, kommt dem männlichen Freiheitsdrang nämlich nicht sonderlich entgegen, und sie wittern die Gefahr.

Ich lieb dich doch so sehr

Treueschwüre kommen einem Mann daher in aller Regel eher spät bis gar nicht über die Lippen, und je häufiger man sie von ihm fordert, desto sicherer bleiben sie aus. Je mehr ein Mann zu einer verbindlichen Aussage, sei es ein »Ich liebe dich« oder gar ein Heiratsantrag, gedrängt wird, desto abwehrender und ausweichender reagiert er.

Dabei bedient er sich gerne einer ganzen Palette an kreativen Ausweichmanövern, die von der Behauptung, er müsse jetzt erst mal seine berufliche Karriere unter Dach und Fach bringen und genügend Geld verdienen, um die junge Familie ernähren zu können, über das Argument, man müsse mit einem solchen Freudenfest warten, bis seine Mutter den Tod seines Vaters, der inzwischen zehn und mehr Jahre zurückliegt, verarbeitet habe, bis hin zu wortgewaltigen Erläuterungen reichen, wieso es diesen Sommer leider nicht mehr klappe, und im nächsten auch nicht gleich, aber in dem danach dann ganz bestimmt ... vielleicht.

Der männlichen Fantasie sind dabei so gut wie keine Grenzen gesetzt, denn wenn es darum geht, in Fesseln gelegt zu werden, dann läuft bei jedem Mann der Fluchtmotor auf Hochtouren.

Wie gesagt: Ein Mann braucht nun mal seine Freiheit, was nicht heißen soll, dass er nicht bereit wäre, mit einer Partnerin nicht nur die guten, sondern auch die schlechten Tage zu teilen. Er mag es nur, wenn er selbst entscheiden darf, wann er sich einer Frau in welchem Maße zuwendet und wie viel Aufmerksamkeit er ihr widmet. Sobald sie versucht, über seine Zeit zu bestimmen und ihm vorzuschreiben, wann man sich wie oft zu sehen hat, oder ihm gar Hobbys und/oder Freunde verbieten möchte, schaltet er auf Alarmstufe Rot.

Deshalb tut man einem Mann auch mit dem Bekenntnis, man könne (und wolle) ohne ihn nicht mehr leben, alles andere als einen Gefallen. Was der weiblichen Seele als Liebesbekenntnis der besonderen Art schmeichelt, löst beim männlichen Gemüt eher Panikattacken aus.

Nur Geduld

Die Kunst besteht nun darin, einem Mann jederzeit das Gefühl zu geben, er habe sich aus freien Stücken zu diesem oder jenem entschieden oder sei – so der Idealfall – gar selbst auf die Idee gekommen. Niemals sollte man mit konkreten Forderungen an einen Mann herantreten, sondern stets versuchen, ihm das Gewünschte so schmackhaft wie möglich zu machen. Sicher steht das in diametralem Gegensatz dazu, wie Männer kommunizieren, nämlich möglichst direkt und nicht über Umwege oder durch die Hintertür. Aber das sind auch zwei Paar völlig verschiedene Schuhe, und der Zweck heiligt in diesem Fall die Mittel. Und zwar ohne Frage.

Die Kunst besteht außerdem darin, sich in Geduld zu üben. Wer einen Mann vorschnell zu einer Entscheidung oder einer konkreten Aussage bewegen oder gar zwingen möchte, der tut sich selbst keinen Gefallen. Die Wahrscheinlichkeit, dass er die Flucht ergreift, ist sogar mehr als hoch. Wagt sie nach dem ersten Treffen schon, erste Ansprüche anzumelden, verkümmert sie nicht selten wartend neben dem Telefon, obwohl sie zum Abschied ganz deutlich die Worte »Ich melde mich« gehört hat.

Gerade ein Mann, der schon die eine oder andere

Enttäuschung hinter sich hat, sieht zunächst einmal keinen Grund, sich gleich an die nächstbeste, wenn auch attraktive, sympathische und intelligente Frau zu binden. Der Preis dafür ist ihm einfach zu hoch. Sobald er also auch nur den geringsten Anflug von Freiheitsberaubung im Sinne von weiblichem Kontrollverhalten spürt, wird er argwöhnisch und bläst zum Rückzug. Lieber nichts wie weg, auch wenn der Köder attraktiv ist, als sich in irgendeinem Netz zu verfangen, lautet die Devise. Dass ihm dabei auch mal eine wirklich tolle Frau durch die Lappen geht, nimmt der gemeine Mann gerne in Kauf. Ein bisschen Schwund ist eben immer! Außerdem ist eine entgangene Gelegenheit lange nicht so schmerzhaft wie Freiheitsentzug, Erklärungsnot und das dauerhaft schlechte Gewissen, obwohl der Mann nur seine Grundbedürfnisse befriedigen möchte.

Wer diese Verhaltensweise einmal durchschaut hat, der ist in der Lage, das Muster zu durchbrechen. Natürlich könnten die Frauen jetzt argumentieren, wieso sie all den Aufwand betreiben sollen. Die Antwort lautet: Es zwingt sie niemand dazu. Sie können es auch lassen und weiter alleine leben.

Dichtung und Wahrheit

Dem Mann kann grundsätzlich ein natürlicher Hang zur Schauspielerei nachgesagt werden. Dazu braucht er zum einen ein wohlwollendes Publikum, gerne weiblich, zum anderen bevorzugt er die Rolle des Hauptdarstellers. Er setzt sich nun mal gerne in Szene, erzählt ebenso detail- wie pointenreich von erfolgreichen Geschäftsabschlüssen, gefährlichen Dschungelexpeditionen, schwierigen Verhandlungen, ausgiebigen Feierlichkeiten und sonstigen Anlässen aller Art, mit denen sich Aufmerksamkeit und/oder Anerkennung gewinnen lassen. Eine latente Neigung zur Überhöhung und Übertreibung ist übrigens keinesfalls gegen ihn auszulegen, sondern als wichtiges gestalterisches Element zur Spannungssteigerung – und damit als absolut legitim – zu betrachten.

Wenn beispielsweise der Mann an Ihrer Seite bei Ihrem ersten romantischen Treffen eindrucksvoll geschildert hat, wie er mit seinem besten Freund vor Jahr und Tag in einem selbst zusammengeschraubten und eigenhändig restaurierten Triumph TR4 durch halb Europa getourt ist und sämtliche Autopannen im Nu dank seines unvergleichlichen handwerklichen und technischen Geschicks behoben hat, wenn besagter Mann nun also mit Ihnen auf der Landstraße unterwegs ist und beim Versagen des Motors Ihres Golfs TDI nicht einmal in der Lage ist, die Motorhaube ohne Ihre Hilfe zu öffnen, dann sollten Sie nicht zu streng mit ihm sein. Natürlich liegt hier ein glasklarer Fall von Dichtung (statt Wahrheit) vor, aber das hat er wirklich nur getan, um Sie zu beeindrucken, also aus völlig hehren Motiven!

So war's doch – oder?

Das entspannte Verhältnis des europäischen Mannes zu Dichtung und Wahrheit entspringt nämlich so gut wie niemals einer bösen Absicht oder gar willentlicher Täuschung. Es ist einfach nur so, dass der Mann es versteht, vor allem die Dichtung, oft gemeinhin als »Lüge« bezeichnet, flexibel zu seinem Vorteil einzusetzen. Das hat jetzt – leider – nichts mit irgendwelchen rechten oder linken Gehirnhälften, genetischen Veranlagungen oder sonstigen biomechanischen Prozessen im männlichen Körper zu tun, sondern schlicht und ergreifend mit der Tatsache, dass der Mann an sich und seinen Erfolg und damit auch an die jeweils präsentierte Version seiner Geschichte glaubt.

Dass er sich dazu des einen oder anderen Hilfsmittelchens (etwa eines geliehenen Dreimastsegelbootes, um eine Frau zu beeindrucken, oder Urlaubsfotos von seiner K2-Besteigung, die er sich von seinem besten Freund »geliehen« hat) bedient, ist dabei nur allzu menschlich oder vielmehr männlich. Schließlich kann er sich auf der Flirt-Zielgeraden nicht durch unnötige Erklärungen, die nicht nur jede Menge Zeit und Geld kosten, sondern auch den unmittelbar bevorstehenden Durchbruch gefährden könnten, beirren und aus dem Konzept bringen lassen.

Zur Rede gestellt, kann er sich häufig – und auch das ist nicht vorgetäuscht, sondern tatsächlich so – nicht mehr genau erinnern, was nun wirklich geschah und was er im Eifer des Gefechts *(in dubio pro reo!)* hinzugedichtet hat. In seinem Kopf verschmelzen Fakten und Fiktion zu einer genialen Geschichte, und ehe er sich's versieht, hat er sie auch schon zum Besten gegeben. Die extreme Form des Lügners ist übrigens der Hochstapler, der jedoch ebenfalls nicht pauschal verurteilt werden darf, weil er ja an seine Performance glaubt und daher in aller Regel kein Unrechtsbewusstsein für sein Verhalten zu entwickeln vermag.

Letztlich spricht dieser lockere Umgang mit Dichtung und Wahrheit nur für das männliche Durchsetzungsvermögen und den unbedingten Willen zum Erfolg, mit dem der Mann dieses oder jenes in die

Tat umsetzt – und sei es nur, um mit der Aktion seiner eigenen, hoffentlich gut bemuskelten Hintern zu retten.

Sender und Empfänger

Dass die Frauen diese kleineren und größeren Lügen gerne mal in den falschen Hals bekommen und sich dadurch den Appetit verderben lassen – das darf den Herren der Schöpfung nun wahrlich nicht *en passant* in die Schuhe geschoben werden. Selbstverständlich soll hier keinesfalls in Abrede gestellt werden, dass ein Arbeitsloser, der Morgen um Morgen pünktlich mit der Aktentasche aus dem Haus geht und seiner Frau regelmäßig Anekdoten aus dem Büroalltag auftischt, obwohl er sich schon seit drei Monaten Tag für Tag in der Stadt herumtreibt und nicht weiß, wie er die Zeit bis zum erfundenen Feierabend herumbringen soll, den Tatbestand der (je nach Einzelfall mehr oder minder arglistigen) Täuschung erfüllt.

Doch wirkt sich die bedingungslose Vertrauensseligkeit des weiblichen Geschlechts durchaus negativ auf die männliche Fantasie und damit den Umgang mit der Wahrheit aus. Dennoch wäre die Behauptung, Männer seien grundsätzlich ein verlogenes Pack, das weder an der Wahrheitsfindung noch an nackten und nicht selten unbequemen Tatsachen auch nur das geringste Interesse hat, so nicht haltbar. Schließlich ist oft der Wunsch Vater des Gedankens, und wer sich so sehr wünscht, dass er ein echter Held – und keiner mit dem unschönen Präfix Pantoffel – ist, der wird auch irgendwann zu einem. Wenn auch nur in seinen Erzählungen.

Am schlimmsten empfinden Frauen die Unwahrheit häufig dann, wenn es um Untreue oder einen Seitensprung in einer Partnerschaft geht. Für einen Mann ist es tatsächlich kein Widerspruch, wenn er seiner Ehefrau sagt, dass er sie noch immer liebe und die Affäre nichts, aber auch gar nichts mit der ehelichen Beziehung zu tun habe, die er übrigens keinesfalls beenden möchte. Er empfindet das nämlich wirklich.

Ähnliches gilt für gewagte finanzielle Geschäfte, welche die Partnerin, womöglich gar zu Recht, kritisch beäugt, wohingegen er argumentiert, er habe den Sieg praktisch schon abonniert und es könne bei der wasserdichten Sache im Grunde gar nichts schiefgehen. Dass dann am Ende meist doch etwas schiefgeht, war nicht vorgesehen – und blieb daher auch meist unerwähnt.

Wer dem Mann hier bösen Willen unterstellt, tut ihm unrecht, vielmehr sollte man bedenken, welche Qualen der Misserfolg und die Niederlage ihm beibringen, und ihm Mut zusprechen. Das mag jetzt ganz schön viel verlangt sein, aber ist nicht eine der Tugenden des weiblichen Geschlechts die emotionale Intelligenz? Hier wäre sie unter Beweis zu stellen.

Alles zu seiner Zeit

Wenn's um Hausarbeit geht, hat der technisch ach so bewanderte Mann plötzlich keinen Schimmer, wie die Waschmaschine zu bedienen ist. DVD-Player, Multimediakonsolen oder Hightech-PCs mit knapp 150 Seiten Bedienungsanleitung sind kein Problem. Herd und Waschmaschine anzuschließen gelingt auch noch aus dem Effeff. Doch soll ein Mann Letztere auch bedienen, befällt ihn eine plötzliche Amnesie, und er kann Weiß- und Buntwäsche nicht auseinanderhalten.

Bei der Pflege ihrer Autos haben Männer hundert Mittelchen in Gebrauch, sie wienern und polieren und saugen, dass es eine wahre Pracht ist. Da können sie sogar Fensterscheiben putzen, zu Hause dagegen geht oft nichts. Daraus kann man schließen, dass ein Putzfimmel stets mit dem zu säubernden Objekt zu tun hat und damit, wie hoch das männliche Interesse daran ist.

Das bisschen Haushalt …

Angeblich sehen Männer Dreck ja nicht so gut wie Frauen, was jetzt aber nicht bedeutet, dass die männliche Hälfte der Bevölkerung dringend zum Augenarzt müsste. Vielmehr handelt es sich hier eindeutig um das Phänomen der selektiven Wahrnehmung (nur bestimmte Dinge werden wahrgenommen, andere dagegen ausgeblendet).

Die meisten Männer beherrschen die selektive Wahrnehmung bis zur Perfektion, und zwar sowohl in optischer als auch akustischer Hinsicht. Was ein Mann nicht hören will, das hört er nicht, und was ein Mann nicht sehen will, das sieht er nicht. So einfach ist das. Die Frühstücksteller vom Morgen stehen noch auf dem Tisch? Kein Problem. Wenn man sie ein bisschen zur Seite schiebt und die Zeitung obendrauf legt, ist zum einen genug Platz für die Pizzateller vom Abend und zum anderen ist nichts mehr zu sehen. Und was man nicht sieht, das ist auch nicht da bzw. schafft auch keinen Handlungsbedarf.

Wenn die Frauen da einfach weniger Ausdauer an den Tag legen oder vielmehr für die Tatsache, dass die selektive Wahrnehmung bei der Überzahl der Mitbürgerinnen dieses Landes weniger gut ausgeprägt ist, kann doch ein Mann nichts. Fakt ist: Er würde die Kaffeetassen ja wegräumen, wenn sie ihn denn stören würden. Nur tun sie das einfach nicht. Oder will hier etwa jemand behaupten, dass die Pizza Funghi mit extra Käse und Knoblauch weniger gut schmeckt, nur weil da noch ein paar Brötchenkrümel vom Frühstück auf dem Tisch liegen? Ein Schelm, wer so was auch nur denkt.

Ein Mann, dessen Bürotag von Terminen und Meetings bestimmt ist, der ständig irgendwelche Ablaufpläne und Timings einhalten muss und der mit Blick auf die Uhr von einer Konferenz zur nächsten hetzt, der möchte sich am Wochenende nicht davon stressen lassen, dass die Küche zu einem bestimmten Zeitpunkt aufgeräumt sein soll. Schon gar nicht, wenn die dem Nervenzusammenbruch nahe Ehefrau oder Lebensgefährtin es ihm mit mahnendem Tonfall aufgetragen hat. Er macht es schon – früher oder später –, wenn er die Zeitung ausgelesen, die Aktienkurse studiert, die Weinflaschen sortiert, wenn er (und das ist das Entscheidende) Lust dazu hat. Wann das sein wird, steht in den Sternen. Frauen fehlt da gelegentlich das Gespür für den richtigen Moment, den es nun mal für alles gibt, auch fürs Aufräumen.

Alles zu seiner Zeit, lautet jedenfalls die Devise, und so geschieht tatsächlich irgendwann – meist wenn keiner mehr damit rechnet – das Wunder, und er schreitet zur Tat. Es ist noch keiner an herumstehenden Kaffeetassen gestorben, wohl aber an Herzinfarkt wegen zu viel Stress.

Im Übrigen spräche aus männlicher Sicht auch nichts dagegen, die Kaffeetassen, sollten sie sich am nächsten Morgen immer noch an Ort und Stelle befinden, wieder unter der Zeitung hervorzugraben und einfach erneut zu verwenden. War schließlich nur Kaffee drin und kommt auch wieder Kaffee rein. Wo ist da das Problem? Zumal man dann auch noch Energie und Wasser fürs Spülen gespart hat – in heutigen Zeiten ein schlagkräftiges Argument.

Gleiches gilt übrigens für etwaige Altglas-, Altpapier-, Dosen- und Leergutberge: Wenn man nur einen ausreichend großen Bogen darum macht, fallen sie fast gar nicht auf, und solange der Flur noch begehbar ist, besteht auch kein Handlungsbedarf. Es ist einfach nicht wichtig genug.

Entsprechend unverständig reagiert der Mann daher auch auf etwaige hysterische Anfälle oder Wutausbrüche seiner Partnerin, wenn sie ihm etwa vorwirft, dass sie schon zwei Maschinenladungen Wäsche aufgehängt, die Spülmaschine ausgeräumt, die Fenster geputzt und die Wohnung gesaugt hat, während er im Garten Rasen mähen sollte, wozu es aber nicht gekommen ist, weil er sich kurz auf die

Bank gesetzt hat, um die Bedienungsanleitung des Rasenmähers zu lesen, und dabei eingeschlafen ist.

Gleich heißt nicht unbedingt gleich

In diesem Zusammenhang sollte auch kurz auf die Bedeutung von Wörtern wie »gleich« eingegangen werden. Bekanntlich ist »gleich«, ähnlich wie »demnächst«, ein dehnbarer Begriff und bedeutet lediglich, dass ein Mann eine ihm aufgetragene Aufgabe ausführen wird. Wann er das tun wird, steht dagegen nirgendwo geschrieben. Indem er »Gleich« antwortet, hat der Mann seine grundsätzliche Bereitschaft, sich des Problems anzunehmen, signalisiert und damit – aus seiner Sicht – erst mal genug getan. Da die männliche und die weibliche Auffassung von Wörtern wie »gleich« leider nicht ganz deckungsgleich ist, kann es hier immer wieder zu Missverständnissen und unschönen Streitsituationen kommen.

Wer derlei vermeiden möchte, dem sei dringend geraten, vorab die Begriffsdefinition zu klären. Sonst kann es nämlich leicht passieren, dass der grundsätzlich kooperationsbereite Mann sich missverstanden fühlt und seine Bereitschaft zur Mitarbeit (noch) weiter sinkt. Der Mann, grundsätzlich wie erwähnt ein sehr sensibles Wesen, versteht die Welt nicht mehr:

Da hat er seinen guten Willen gezeigt und sich bereit erklärt, die Sache (irgendwann) zu übernehmen, und wird dennoch gerügt. Das versteht der Mann nicht, da für ihn der Weg das Ziel ist, will heißen: Vor allem der gute Wille zählt. Effizienz in Haushalts- und Privatangelegenheiten darf nicht vorausgesetzt werden, da die vorhandenen Ressourcen meist durch das hohe berufliche Engagement nahezu restlos aufgebraucht sind.

Der Schwiegermutter die Schuld dafür in die Schuhe zu schieben, weil sie dem vergötterten Sohn ein paar Jahre zu lang die Hemden gebügelt, das Essen auf den Tisch gestellt und die Kissen aufgeschüttelt hat, wäre ein bisschen zu einfach. Es ist vielmehr so, dass Männer die Unordnung auch mal Unordnung sein lassen können. Es gibt eben Wichtigeres als ein perfekt aufgeräumter Haushalt. Und wie gesagt: Der Druck ist im Büro oft schon hoch genug, da muss das dreckige Geschirr nicht auch noch für Psychoterror sorgen. Dann blockt der Mann nämlich völlig ab, verlässt den Raum und macht gerne mal die Tür etwas lauter zu.

Erst mal runterkommen

Es ist daher ein hohes Maß an Verständnis nötig und die Bereitschaft, zu loben und sich darauf zu verlassen, dass die Aufgabe auch tatsächlich früher oder später erledigt wird. Sollte es der Partnerin zu langsam gehen oder sie die Geduld verlieren, ist keinesfalls der Mann dafür zur Rechenschaft zu ziehen, sondern der Fehler vielmehr in der mangelnden Geduld zu sehen.

Gleiches gilt übrigens für herumliegende Unterwäsche und Socken, Verpackungen jeder Art, Essensreste auf dem Couchtisch, Zahnpastareste im Waschbecken, überfüllte Mülltüten und Ähnliches. Selbstverständlich ist die Liste beliebig erweiterbar, weswegen es häufig kommt, wie es kommen muss:

Während sie nach der Arbeit gestresst nach Hause kommt, ihre Jacke schnell an die Garderobe hängt, schnurstracks in die Küche geht und hektisch versucht, etwas Leckeres zu kochen, was sowohl ihm als auch den Kindern schmeckt, nebenbei die Tochter Englischvokabeln abfragt, zwischendurch die Legosteine des Jüngsten im Flur wegräumt, sich über den Berg ungebügelter Wäsche auf dem Sofa im Wohnzimmer ärgert, ihr siedend heiß einfällt, dass sie schon wieder vergessen hat, den Vorsorgetermin beim Zahnarzt zu vereinbaren, sie ein schlechtes Gewissen hat, weil ihre beste (kinderlose) Freundin jetzt schon zum dritten Mal angerufen hat, ohne dass sie es schafft zurückzurufen, und das Gefühl hat, das Ganze läuft aus dem Ruder – währenddessen kommt er ebenfalls gestresst von der Arbeit nach Hause, steigt über die Legosteine des Jüngsten, streicht der Ältesten liebevoll über den Kopf und sagt »Alles klar?«, wirft das Sakko an die Garderobe, geht schnurstracks an den Kühlschrank und holt sich ein Glas Wiener Würstchen und ein Bier, schiebt im Wohnzimmer die Wäsche auf die Seite, lässt sich aufs Sofa fallen, greift erst mal zur Fernbedienung, ruft ihr zu: »Hast du eigentlich beim Zahnarzt angerufen?«, und hat nicht im Geringsten das Gefühl, dass irgendwas aus dem Ruder läuft.

So weit, so gut. Auch wenn es da draußen Millionen von Frauen gibt, die jetzt behaupten »Das macht der Kerl doch absichtlich!«, lautet die Antwort: NEIN. Er hat nur (mal wieder) die Ruhe weg. Eines nach dem anderen, lautet seine Devise, und solange er auf dem Sofa noch einen Platz findet und die Wiener Würstchen nicht ausgehen, ist seine Welt vollkommen in Ordnung. Das hat nicht im Geringsten mit bösem Willen oder Gemeinheit oder sonstigen ebenso gerne wie häufig unterstellten Absichten zu tun, sondern entspricht einfach nur der Natur des Mannes. Erst mal runterkommen, dann sehen wir weiter.

Das Problem bei der Hausarbeit ist, dass Frauen in aller Regel klar im Vorteil sind und es so gut wie immer besser wissen oder können. Dadurch rutscht der Mann, dessen Mithilfe im Haushalt heutzutage vorausgesetzt wird, automatisch in die ungeliebte Rolle des Zu- oder Hilfsarbeiters, in der er sich naturgemäß nicht wohlfühlt. Seine natürliche Autorität wird untergraben, er fühlt sich nicht ausreichend wertgeschätzt. Und überhaupt: Zu niederen Arbeiten ist er nicht geboren. Indem die Frau den Mann nun maßregelt, etwa weil er nicht richtig gestaubsaugt oder das Geschirr in ihren Augen unzureichend gespült hat, fühlt er sich wie ein kleiner Junge, der von seiner Mutter gerügt wird, weil er etwas ausgefressen hat. Dass dieses Gefühl automatisch Trotz und damit Widerspruch hervorruft, dürfte nicht weiter verwunderlich sein.

Erschwerend kommt hinzu, dass der Heldenfaktor von Hausarbeit (ebenso wie von Kinderhüten) denkbar gering ist, was bedeutet, dass man damit weder Prestige noch gesellschaftliche Anerkennung erringen kann – und welcher Mann will darauf schon verzichten?

Die Einsatzbereitschaft kann, je nach Aufgabengebiet, stark variieren. So werden beispielsweise Computerprobleme, Installation von Software, Entfernen von Viren, Bohren von Löchern etc. in aller Regel ad hoc erledigt, während Jobs wie Aufräumen oder Spülen in der Prioritätenliste eher die Plätze mit den höheren Zahlen einnehmen. Während die Herren der Schöpfung also beim Schrauben, Tüfteln und Bohren in Sekundenschnelle zur Höchstform auflaufen, können bei der Hausarbeit schon mal mehrere Stunden bis Tage vergehen, ehe der Motor auch nur lauwarm tuckert. Woran das liegt? Ganz einfach: Jeder Mann möchte ein Held sein, und gespülte Kaffeetassen haben nun mal nicht den gleichen Stellenwert wie eine nach einem Totalabsturz gerettete Festplatte. Mit der lassen sich einfach ungleich mehr Lorbeeren ernten. Wer möchte es dem Mann da verdenken, dass er seine Prioritätenliste den zu erwartenden Faktoren Dankbarkeit und Lob anpasst?

Ordnung ist das halbe Leben

Auch wenn die Kosmetikindustrie seit Jahren Milliardenbeträge ausgibt, wenn sie die besten Werbeagenturen damit beauftragt, dem Mann von heute die Botschaft zu vermitteln, dass auch er sich hegen und pflegen, cremen und seifen, zupfen und rasieren müsse, wo es nur geht, und auch wenn besagte Kosmetikindustrie damit durchaus beachtlichen Erfolg hat, so ist dem Mann dennoch eine grundsätzliche Neigung zur Liederlichkeit nicht abzusprechen.

Ein Mann ist nur dann ein Mann, wenn er riecht wie Bruce Willis, nachdem er mal wieder als John McClane in *Die Hard* die Welt gerettet hat – oder zumindest wenn er so riecht, als hätte er es getan.

Laut männlicher Logik muss eine Sporttasche nach dem Besuch im Fitnesscenter nicht zwingend ausgepackt werden, um das verschwitzte T-Shirt samt Hose zu lüften. Dass Fenster nicht nur zum Rausschauen, sondern durchaus auch dafür da sind, dass man sie ab und zu öffnet, um frische Luft hereinzulassen, ist nicht als allgemein bekannt vorauszusetzen.

Am mangelnden Geruchssinn kann es nicht liegen, schließlich ist der Mann durchaus in der Lage, den Duft einer guten Zigarre oder eines jahrzehntelang gereiften Whiskeys oder eines verführerischen Frauenparfums mit verbundenen Augen auszumachen.

Was kann es sonst sein?

Ordnung ist nach männlichem Verständnis noch lange nicht gleich Ordnung. Während die Plattensammlung, die Bankunterlagen, das Bücherregal und die *GEO*-Ausgaben streng alphabetisch, nach dem Erscheinungsjahr oder sonst wie, auf jeden Fall aber äußerst penibel geordnet sind, kann es in Küchenschränken, Schubladen, Abstellkammern und im Bad schon mal aussehen, als habe die sprichwörtliche Bombe eingeschlagen. Mann muss eben Prioritäten setzen und kann sich nicht um alles gleichermaßen kümmern, da fallen die unwichtigen Dinge schon mal durch den Rost. Was wichtig und unwichtig ist, darüber sind sich Mann und Frau nur leider nicht einig. Wen stören schon ein paar Zahnpastareste im Waschbecken, wenn die Aktienkurse sortiert werden wollen?

Grund für die anhaltenden Meinungsverschiedenheiten in Sachen Aufräumen, Haushalt und Ästhetik im Wohnbereich sind also die verschiedenen Maßstäbe, die Männer und Frauen an ihre unmittelbare Umgebung anlegen. Es gibt nämlich keinen vernünftigen Grund dafür, dass die Betten allmorgendlich gemacht, die Bücher im Regal von ihrer Staubschicht befreit und die Sofakissen ordentlich drapiert werden sollten, außer dass es den meisten Frauen nun mal wichtig ist. Dafür können doch aber die Männer nichts! Dinge, die ihnen wichtig sind, werden ja durchaus sofort erledigt.

Dass Männer besser in Unordnung leben können als Frauen, ist eine unumstößliche Tatsache, und sofern Genmanipulationen am Menschen nicht in absehbarer Zukunft erlaubt werden, wird sich daran auch nichts ändern.

Ein Mann empfindet die nachhaltige Anweisung zum Aufräumen oder Ordnunghalten als einen empfindlichen Eingriff in seine persönliche Freiheit und fühlt sich in seinem Seelenfrieden gestört. Es stört doch keinen, wenn das Geschirr ein bisschen rumsteht. Die Bundeskanzlerin wird die nächsten Tage nicht unangemeldet zu Besuch kommen, die Welt wird sich weiterdrehen und der Dritte Weltkrieg wird wegen ein paar schmutziger Kaffeetassen auch nicht gleich ausbrechen. Wo ist also das Problem?

Der kleine Junge

Was für die Frau der *Beauty Case* ist, das ist für den Mann der Werkzeugkoffer. Außerdem Autos, Motoren und Maschinen aller Art, Hobbykeller, Grillen, Eisenbahn.

Manche Männer können sich über nichts so sehr freuen wie über den fünften Geburtstag ihres Sohnes, weil sie dann endlich ihre eigene elektrische Eisenbahn wieder auspacken und damit spielen können, ohne sich vor Gott und – vor allem – der eigenen Ehefrau dafür rechtfertigen zu müssen. Die meisten Männer bleiben zeit ihres Lebens kleine Jungs, nur können viele von ihnen es mehr oder weniger gut verbergen. Und genau deshalb werden Jungs auch immer Jungseigenschaften haben, dafür sorgen schon die Väter, die ihre eigenen Sehnsüchte dann wieder ausleben können und daher das Interesse ihrer Söhne für Bauwagen, Bagger, Maschinen und Co. fördern.

Hang zum Abenteuer, *Bungee Jumping*, mit Bagger in der Grube spielen – sicher allemal besser, als die Spülmaschine auszuräumen oder den Gartenzaun zu flicken. Männer würden es den Frauen ja auch gönnen, wenn sie den Bagger mal steuern wollten, die meisten wollen bloß gar nicht.

War was? Konfliktbewältigung für Fortgeschrittene

Seit Jahrhunderten hält sich unter Männern hartnäckig das Gerücht, Konflikte und Unstimmigkeiten ließen sich am besten durch Aussitzen aus der Welt schaffen. Aus diesem Grund bewegen sich die Herren der Schöpfung auf diesem Gebiet dank jahrelanger Übung auf einem beachtlichen, konstant hohen Niveau.

Während es Frauen schier nicht aushalten, wenn etwas zwischen ihnen und einem anderen Menschen ungeklärt ist, haben die Männer nicht das geringste Problem damit, sich erfolgreich abzulenken. Sei es durch spontanes Verlassen des Raumes, exzessive Ausübung eines Hobbys, durch Überstunden im Büro, durch Erledigung von seit Jahren liegen gebliebenen Arbeiten oder den Gang in die Kneipe um die Ecke. All diese Beispiele zeigen, was bei diesem Verdrängungsprozess eine maßgebliche Rolle spielt: räumliche Flucht. Ziel ist es dabei, sich so lange mit etwas anderem zu beschäftigen, bis die Wogen sich von selbst geglättet haben und man mit einem lässigen »Schwamm drüber« zur Tagesordnung zurückkehren kann. Grundsätzlich gilt dabei: Wer nicht da ist, kann nicht streiten.

Dass dieser Schuss meistens nach hinten losgeht und sich das Problem nur verschärft, hat sich leider noch nicht bis zum letzten Mann herumgesprochen. Dabei spürt er es oft genug am eigenen Leib. Nach einem Streit haut er einfach ab, woraufhin sie noch mehr Druck ausübt, bis er irgendwann komplett »zumacht«. Daraufhin flippt sie aus, und im Gegenzug hält er sie für hysterisch, fühlt sich gegängelt und darin bestätigt, dass er immer der Gelackmeierte ist, egal was er tut.

Sollten Frauen den Mann allerdings abstrafen wollen, indem sie nicht mit ihm reden, schneiden sie sich nur ins eigene Fleisch, denn sie könnten dem passionierten Schweiger keinen größeren Gefallen tun. Bleibt also doch nur das älteste aller Mittel: der Sexentzug.

Gewusst, wie!

Um derartige Eskalationen zu vermeiden, ist es gelegentlich hilfreich, wichtige Dinge mehrfach zu kommunizieren, damit sie beim Empfänger auch tatsächlich ankommen. *Merke:* Was nicht grundsätzlich dreimal gesagt wurde, gilt als nicht geäußert und kann im Nachhinein nicht eingefordert bzw. zum Vorwurf gemacht werden. Wer dagegen versucht, einen Mann mit der Methode »stummer Schrei« auf herumliegende Gegenstände oder verschmutzte Toiletten aufmerksam zu machen, wird in aller Regel scheitern. Denn das männliche Gehirn bemerkt nur: »Keine Anweisungen/Beschwerden, also offenbar alles in Ordnung«. Verletzte Blicke, geschürzte Lippen und wiederholtes genervtes Stöhnen werden nur selten als Warnhinweise wahrgenommen und meist ignoriert.

Allerdings sollten auch Tadel und Ermahnungen stets nur sehr dosiert und – besonders wichtig – in höflichem, und zwar bestimmtem, aber keinesfalls zickigem Tonfall erfolgen. Denn erschwerend hinzu kommt die Tatsache, dass Männer grundsätzlich gegen jede Art von Erziehungsversuchen höchst allergisch oder gar resistent sind.

Dabei ist es doch nun wirklich so einfach, die Männer zu verstehen!